KB233937

사고력·창의력을 길러주는 필독서

# 변하는 동물의 세계

학생과학문고편찬회

# 책머리에

오늘날 우리는 온갖 문명의 편리를 누리며 살고 있습니다. 버튼만 누르면 지구의 반대편 사람과도 얼굴을 보고 이야기하고, 인공 위성을 타고 우주 여행을 하고, 복제 양을 만들어 내는 등 예전에는 상상도 못했던 일들이 일어나고 있습니다. 이러한 모든 일들은 과학의 힘으로 이루어지고 있습니다.

과학의 발달은 곧 인류 문명 발달의 역사라 할 수 있습니다. 과학의 발전 없이는 국가의 발전을 기대할 수 없습니다. 오늘날 세계의 강대국이라고 자타가 인정하는 나라들은 모두 과학 발전에 엄청난 힘을 기울이고 있습니다. 왜냐 하면, 과학 기술의 발달은 국가 안보와 경제 발전, 그리고 국민 복지 향상의 척도이기 때문입니다.

제2차 세계 대전 후 선진 공업 국가들은 막대한 연구비를 투자해 가며 과학 기술의 우위를 차지하려고 노력해 왔습니다. 그 결과 오늘날에는 반도체를 중심으로 한 전자 공업, 컴퓨터를 중심으로 한 정보 산업, 생명 공학 등의 첨단 과학 기술은 선진국과 후진국을 판가름하는 기준이 되기에 이르렀습니다.

그런데 이러한 과학 기술의 발전은 단시일 내에 이루어지는 것이 아닙니다. 과학자들의 꾸준한 연구와 인재 양성, 그리고 과학 기술 전반에 걸친 국민적 관심이 있어야만 가능합니다.

　특히, 자라나는 2세들을 위한 과학 교육은 어려서부터 자연과 접촉하며 호기심과 흥미를 갖는 데서부터 시작됩니다. 이러한 호기심이 문제를 해결하고 보다 큰 창의력으로 발전해갈 때 이것은 곧 미래에 훌륭한 과학 기술을 연구, 발전시키는 밑거름이 되는 것입니다.

　이 책은 학생들이 과학 공부를 하는 데 더없이 좋은 학습 참고서가 될 것이며, 과학 기술에 대한 흥미와 관심을 갖는 데 많은 도움을 줄 것입니다. 또한, 과학에 대한 올바른 지식과 합리적이고 논리적인 사고력을 길러, 창의력을 갖춘 미래의 훌륭한 과학자로서의 자질을 갖출 수 있도록 노력했습니다.

　부디 이 책을 통해 미래의 훌륭한 과학자들이 많이 배출되기를 기원해 마지않습니다.


편집자 씀

# 차 례

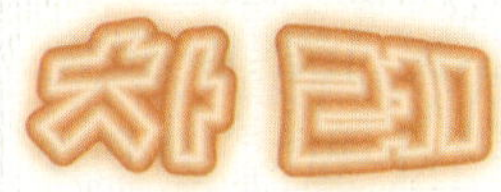

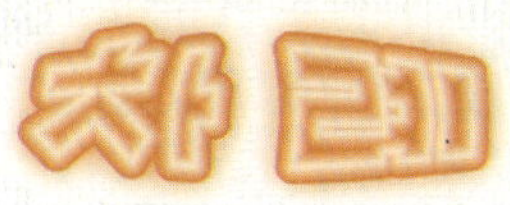

# 차례

# 동물의 하루 생활과 일생

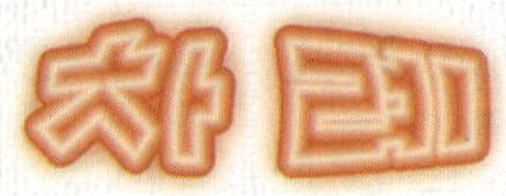

# 차례

## 변하는 동물의 세계

# 먹고, 먹히고

# 초원의 사냥꾼 사자

## ● 셀렝게티 평원에서 생긴 일

짐승의 왕인 사자가 먹이를 습격하는 모습은 영화 같은 데서는 흔히 볼 수 있지만 실제로는 좀처럼 볼 수 없다. 어느 책인가 '아프리카에서 야생 동물을 상대로 생활하고 있는 사람이라도 사자가 먹이를 죽이는 장면을 볼 기회는 20년에 한 번 있을까 말까 하다'라고 쓰여 있을 정도다.

그런데 그 장면을 나는 관찰할 수가 있었다. 동아프리카 탄자니아의 셀렝게티 대평원에서의 일이다.

여기에는 가젤·누·임팔라·하테비스트 등의 영양류나 얼룩말·기린 같은, 주로 풀이나 나뭇잎을 먹고 사는 유제류(발

▲ 초원을 뛰노는 톰슨가젤들

● **셀렝게티 대평원**—초원에서 어미사자가 새끼들에게 사냥하는 법을 가르치고 있다.

굽을 가진 동물)가 30만 마리나 떼지어 있다. 그리고 이들 초식 동물을 먹이로 하는 사자가 500마리에서 1000마리 가량 살고 있다.

1966년에 나는 그 곳으로 동물을 관찰하기 위해 떠났다. 어느 날 아침, 나는 자동차를 타고 한 마리의 수놈과 일곱 마리의 암놈, 그리고 네 마리의 새끼로 된 사자의 무리를 뒤쫓아 갔다. 초원의 저쪽에는 톰슨가젤(영양류의 무리)의 무리가 보였다.

수놈인 커다란 사자의 앞발은 잡아먹은 먹이의 피로 물들어 있었고, 무리들은 모두 똑같은 방향으로 가고 있었기 때문에 나는 그들이 잠자리로 가는 줄만 알았다. 사자가 동물을 몰아내는 패와 그것을 잠복해서 기다리는 패로 나누어져 행동하는 일이 많기 때문이다.

🔸 열대 초원에 사는 톰슨가젤은 달리기에 알맞은 긴 다리와 적을 살피기에 알맞은 긴 목을 갖고 있다.

사자들은 약간 흩어져서 걷고 있었고, 새끼사자의 어미로 보이는 암놈은 오른쪽 가장자리를 걷고 있었다.

## ● 쓰러진 톰슨가젤

사자를 발견한 톰슨가젤들은 귀를 쫑긋 세우고 조심을 하고 있다. 그들은 항상 사자가 달려오면 도망칠 수 있는 간격을 두고 있는 것이다. 평상시 같으면 사자로부터 안전한 장소로 도망치고 만다. 왜냐 하면 사자가 힘껏 달릴 수 있는 거리는 기껏해야 100미터에서 200미터 정도이고, 그 다음은 속도가 훨씬 줄기 때문이다. 톰슨가젤이 100미터쯤 도망치면 사자는 쫓아가는 것을 단념하게 된다.

그런데 이 때는 상황이 달랐다. 뿔뿔이 흩어져 도망친 놈들

중에서, 한 마리의 톰슨가젤이 사자의 무리 속으로 들어가 일
순간 망설이고 있었다. 그것은 아직 어른이 채 되지 못한, 개
보다 조금 큰 정도의 어린 톰슨가젤이었다. 망설이는 순간을
사자는 놓치지 않았다.

두 마리의 암컷이 재빨리 덤벼들었고 조금 뒤늦게 수컷도
뛰어들었다. 어쩌면 수컷은 암컷의 먹이를 빼앗으러 갔는지도
모른다. 하여간 굉장한 모래 먼지가 일었고 '꺅'하는 소리를
질렀을 텐데 나는 정신없이 보고만 있을 뿐이었다.


## ● 사냥이 끝나면

셀렝게티 평원은 원래 나무가 적은 초원으로 가물 때는
한 방울의 비도 내리지 않아, 온통 사막과 같이 되어 버린다.

🔺 사자는 얼룩말, 가젤, 누 등을 뒤쫓아가 덮쳐서 잡아먹는다.

월트 디즈니의 '라이온 킹'이라는 만화영화의 무대도 이 곳이다. 영화 속에서도 건기 때의 초원의 모습을 잘 볼 수 있었지만, 이 때도 모래 먼지가 하늘로 치솟으며 아무 것도 보이지 않았다.

모래 먼지가 가라앉자 이미 톰슨가젤의 모습은 보이지 않았다. 다만 입에 고깃덩어리를 물고 있는 수컷 사자가 천천히 우리들의 자동차 곁으로 다가왔다. 그리고 땅에 배를 깔고 엎드려서 고기를 먹기 시작했다. '우두둑 우두둑' 하는 소리가 들렸다. 뼈를 씹는 소리였다.

우리들은 자동차를 더 가까이 몰고 갔다. 창문으로 내다보니 수놈은 입가에 고깃덩어리가 늘어진 채로 우리를 힐끔 노려보았다.

사자가 고기를 씹을 때는 어금니를 사용한다. 아래위 어금니는 뾰족하고 날카로운 칼날처럼 되어 있다. 그것으로 마치 가위질을 하듯이 고기를 씹어 자른다. 톰슨가젤의 작은 몸뚱이는 뼈째로 씹어 먹히고 있었다.

톰슨가젤을 먹은 것은 무리들 중에서도 세 마리뿐이었다. 수놈이 가장 많이 먹었고, 맨 처음 톰슨가젤을 습격한 암컷은 자기 몫도 없었다. 새끼사자는 먹고 싶어서 수컷의 주위를 빙빙 돌고 있었다. 다른 암컷은 수컷의 근처에도 가지 않았다.

수컷은 새끼들을 쳐다보지도 않고 먹고 있었다. 수컷은 새끼들에게 고기를 나누어 주기는 고사하고 너무 가까이 오면 죽이는 일도 있다고 한다.

눈 깜짝할 사이에 사자의 사냥은 끝났고 그들은 사라져 갔다. 나는 수컷이 먹고 있던 장소를 살펴보았다. 풀이 약간 피에 젖어 있을 뿐, 그 밖에 아무것도 없었다. 어린 톰슨가젤은

뿔도 발톱도 아무것도 남기지 않고 사자의 뱃속으로 들어간 것이다. 지상에서 완전히 사라진 것이다.

흔히 남들이 먹다 남긴 찌꺼기를 찾아오는 하이에나나 독수리 종류도 끝내 모습을 나타내지 않았다.


## ● 살기 위해 죽인다

하여간에 먹이를 물어뜯는 모습을 눈앞에서 보니, 사자는 분명히 짐승의 왕다운 맹수이다. 그와 반대로 잡아먹힌 톰슨 가젤은 불쌍했다.

그렇다면 먹이를 죽이는 사자는 잔인한 것일까? 그 장면만을 보면 잔인하다고도 말할 수 있다. 그러나 이것은 인간들끼리

● 동물 세계에서 먹이를 구하는 일은 생활에서 가장 중요한 일이다.

전쟁에서 서로 죽이는 것과는 다르다. 같은 종류끼리의 싸움이 아니며 또한 사냥과 같이 오락으로 죽이는 것도 아니다.

사자가 먹이를 죽이는 것은 생물 세계의 법칙에 따라 살기 위해서 하는 것이다. 이 책을 끝까지 읽으면 이 아프리카에서의 일은 동물들 세계의 여러 가지 법칙, 즉 과학이 포함되어 있는 것을 알게 될 것이다.

# 사자의 생활

## ● 먹이를 잡는 기계

사자는 함부로 먹이를 잡지는 않는다. 오히려 누워서 지내는 일이 많다. 마치 게으름뱅이 같다.

아프리카에서 사자가 많은 초원에 가 보면 나무 그늘에 바로 누워 있거나 옆으로 누워 있는 사자를 흔히 보게 된다. 자동차가 옆에까지 가도 꿈쩍도 안 하고 누워 있다. 동물원에서도 주의해 보면 사자는 늘 누워 있다.

그러면 지금부터 사자의 몸을 살펴보기로 하자.

사자의 온몸을 살펴보면 발톱과 앞니, 그리고 힘이 센 목과

사자는 사냥하기에 알맞은 감각과 신체 구조를 가지고 있다.

🔺 뾰족하고 날카로운 어금니는 먹이를 잡는 훌륭한 무기이다.

앞발 등, 그 몸매가 먹이 동물을 잡는 데 아주 적합하게 되어 있음을 알 수 있다. 날카로운 눈, 잘 들리는 귀, 냄새를 잘 맡는 코 등, 사자의 감각은 모두 사냥하기에 알맞게 되어 있다.

이와 같이 훌륭하게 사냥을 하는 정밀한 기계와도 같은 사자에게 걸려들면 먹이 동물은 단번에 먹히게 된다. 그런데도 사자는 열심히 먹이를 잡지 않고 누워만 있다. 그 이유는 무엇일까?

누워 있는 사자와 먹이를 잡는 사자는 마치 다른 동물처럼 보일 정도다. 그러나 누워만 있는 것도 그 나름대로의 이유가 있을 것이다.

## ● 낮에는 낮잠만 잔다

사자는 낮에는 대개 누워만 있고 배가 부르면 밤에도 잠을 잔다. 배불리 먹으면 물을 많이 마신다. 그리고 피로 더럽혀진 몸의 털을 혀끝으로 핥거나 가끔 발톱으로 긁기도 한다. 이것을 털을 빗는다고 한다. 털을 빗는 것은 우리들이 목욕하는 것과 마찬가지로 몸을 깨끗이 하고 혈액 순환이 잘 되게 하는 역할을 한다.

털을 빗고 나면 남아 있는 고기를 지키며 잠을 잔다. 남은 고기는 하이에나나 재칼 등이 노리고 있기 때문이다.

사자가 조금만 마음을 놓아도 곧 도둑을 맞는다. 만약 사자가 그것을 발견하면 날카로운 발톱이 달린 앞발로 후려갈긴다. 이렇게 한 대만 맞으면 하이에나나 재칼은 단번에 쓰러진다.

🔶 먹이를 먹고 나면 물을 마시고 더럽혀진 몸을 다듬는다.

그런 위험을 무릅쓰고도 훔쳐먹는 것은 먹지 않으면 굶어 죽기 때문이다. 말하자면 죽지 않으면 살기로 목숨을 내걸고 훔치러 오는 것이며, 그렇기 때문에 지키는 쪽 역시 잠시도 마음을 놓지 못한다.

● **굶주린 백수의 왕**

동물원에서는 사자에게 하루에 보통 수 킬로그램의 고기를 주고 있으며, 이것으로 사자의 식사는 충분하다.

그런데 야생 사자는 먹이를 잡으면 한 번에 30킬로그램씩이나 고기를 먹는다. 하지만 이렇게 매일 먹을 수 있는 것은 아니다. 힘센 사자도 2일이나 3일에 한 번 정도밖에 고기를 못 먹는 것이 보통이다.

🔻 사자는 사냥한 먹잇감을 한 번에 많이 먹는다.

🔴 사자는 한낮에는 초원이나 나무 그늘에서 자거나 쉰다.

　뱃속이 텅빈 사자는 저녁 때부터 먹이를 찾아 나선다. 먹이를 못 잡으면 다음 날 아침에도 나다니지만 한낮이 되면 그것도 단념하고 누워서 쉰다. 그리고 저녁부터 다시 먹이를 찾아 나돌아다닌다.

　표범이나 호랑이 등과 같이 육식을 하는 맹수들은 모두 비슷하다. 먹이를 잡을 때 이외에는(결혼하여 새끼를 키울 때는 열심히 일하지만) 누워서 지낸다. 다만 표범이나 호랑이는 나무 숲 그늘 같은 곳에 누워 있고, 무리를 지어 살지 않으므로 사자처럼 눈에 잘 띄지 않는다.

　먹이를 잡을 때는 온몸의 힘을 다 짜낸다. 전력을 다하기 위해서는 평소에 쓸데없이 힘을 쓰지 않는 것이 좋다. 그래서 빈둥빈둥 누워만 있는 것이고, 그것이 게으름뱅이처럼 보이는 것이다.

🔻 동물에게 먹이 사냥은 살아가기 위한 수단이다.

  '많이 먹으면 살이 찌니까 운동을 하는 것이 좋다.'는 것은 순전히 인간들만의 일이다. 미용 체조는 인간만이 하는 것이며, 그것도 옛날 사람들은 하지 않았을 것이다. 그렇게 많은 식량이 없었기 때문이다.
  이런 일을 잘 생각해 보면 먹이를 마련하는 것이 동물에게 있어 얼마나 중요한 일인지 잘 알 수 있을 것이다. 동물은 먹을 것을 장만하기 위해 나머지 시간은 그 준비를 하고 있는 것이라 하겠다.

# 먹지 못하면 죽어 없어진다

## ● 얼룩말은 사자보다 강한가

얼룩말은 사자보다 강한가?

얼룩말과 사자는 어느 쪽이 강할까? 말할 것도 없이 늙어 빠진 사자나 새끼사자가 아니고서는 얼룩말이 아무리 걷어차고 발악을 해도 사자에게 일단 붙잡히면 살아나는 경우는 거의 없다.

한 마리의 사자와 한 마리의 얼룩말의 힘을 비교하면 얼룩말은 사자의 적이 될 수 없다. 그러나 얼룩말의 종류나 사자의

🔺 얼룩말은 초원에서 사는 초식 동물이다.

종류, 즉 동물의 종으로 비교하면 어떻게 될 것인가? 다음의 이야기를 읽어 보자.

어느 초원에 수백 마리의 얼룩말이 무리를 이루고 있었다. 거기에 몇 마리 또는 열 마리 정도의 사자가 무리를 이루고 얼룩말을 먹이로 하여 살고 있었다.

얼룩말은 사자에게 잡아 먹혀 차츰 수효가 줄기 시작하더니 마침내 사자의 숫자보다 적게 되었다. 그런데 공교롭게도 그 초원에는 얼룩말 이외에 먹이동물이 없었으므로 사자는 여전히 얼룩말만을 잡아먹었다.

얼룩말은 그 수효가 아주 적어졌으나 살아 남은 것들은 모두가 발이 빠르고 힘센 것들뿐이었다. 그렇게 동작이 빠른 얼룩말이 환히 트인 넓은 초원에 조금밖에 없으므로 사자는 여간해서는 먹이를 잡을 수 없게 되었다. 사자는 영양 부족이

🔺 얼룩말의 얼룩무늬는 적을 혼란시키는 역할을 한다.

🔺 **사자에게 잡힌 얼룩말**—백수의 왕도 마침내는 초식 동물의 제약을 받는다.

되고 새끼도 키우기 어렵게 되어 수효가 점차 줄어들었다.

이 이야기를 읽으면 덮어 놓고 얼룩말보다 사자가 강하다고 는 말하지 못할 것이다. 오히려 백수의 왕인 사자도 종자의 번식이라는 측면에서는 얼룩말 같은 초식 동물의 제약을 받는 다고 말할 수 있다.

이 이야기와 같은 일이 만약에 넓은 범위로 일어나면 어떻 게 될 것인가? 예를 들어 기후가 변하든가 전염병이 유행하거 나 하여 초식 동물 전체의 수가 줄어, 초식 동물과 육식 동물 사이의 균형이 갑자기 파괴되었을 경우 등이다. 그렇게 되면 육식 동물 전체가 죽어 없어지는 경우도 생각할 수 있다. 즉 종이 없어지게 되는 것이다.

## ● 두더지는 햇볕을 쪼이면 죽게 되는가

'두더지는 햇볕을 쪼이면 죽는다'고 흔히들 말한다. 이것은 미신인데 지금도 그렇게 생각하는 사람이 있을지도 모른다. 항상 땅 속에만 있다고 생각되는 두더지가 가끔 땅 위에서 죽어 있는 채로 발견되기 때문일 것이다.

이와 비슷한 이야기로 영국에서는 '천둥이 울리면 땃쥐가 죽는다'고 생각해 왔다. 천둥이 많이 발생하는 가을이 되면 많은 땃쥐의 시체를 볼 수 있기 때문이다. 그러나 실제로는 두더지가 죽는 것이나 땃쥐가 죽는 것은 먹이에 원인이 있는 것이다.

두더지는 우리가 생각하듯이 언제나 땅 속에만 있는 것이 아니고 가끔 땅 위로 올라온다. 사람의 발소리가 나면 재빨리 땅 속으로 숨으니까 별로 사람 눈에 뜨이지 않을 뿐이다. 언젠가는 천장에서 왔다갔다 하던 두더지를 잡은 일이 있다.

두더지는 높은 곳에도 오를 수 있는 것이다.

두더지가 땅 위에서 죽어 있는 것은 자기들끼리 싸우다 죽거나 굶어 죽은 것이다.

두더지는 자기들끼리 심하게 싸운다. 자기 구역을 만들고 다른 두더지가 자기 구역에 들어오는 것을 용납하지 않는다.

두더지의 옆구리에서는 강한 냄새의 액체가 나오는데, 그들은 그것을 터널 여기저기에 바른다. 그렇게 해서 다른 두더지가 들어오지 못하도록 냄새를 풍겨 알리는 것이다.

## ● 대식가인 두더지

두더지는 하루에 지렁이 같은 먹이를 자기의 몸무게만큼이나 먹어 치운다. 우리들 인간에 비하면 이건 놀라운 양이다.

그렇게 많이 먹는 두더지이므로 12시간만 안 먹으면 죽어

🔺 두더지는 많은 양의 먹이를 먹는다.

버린다. 두더지를 길러 보면 아는 일이지만, 햇볕에 쪼여도 죽지 않는데 먹이가 없어지면 곧 죽어 버린다.

보통 사람들은 두더지가 그렇게 많이 먹는 줄은 모르니까 먹이를 충분히 주었다고 생각한다. 그래서 두더지가 죽은 것은 햇볕을 쪼였기 때문이라고 믿게 된 모양이다.

## ● 작은 짐승일수록 잘 먹는다

두더지는 쉬지 않고 터널을 판다. 터널 속에서 힘껏 일하면 곧 몸에서 열이 난다.

사람들은 체온이 높아지면 땀을 흘려 몸을 식히고 알맞은

🔺 두더지는 땅을 파서 체온 조절을 한다.

체온으로 만든다. 두더지는 몸의 표면에서 열이 잘 발산되므로 터널 파기를 하여 열을 올려도 알맞게 체온을 유지할 수 있다. 그 대신 평소에도 열이 발산되기 쉬우므로, 이래저래 많이 먹어서 열을 보급할 필요가 있다. 그래서 두더지는 끊임없이 바쁘게 움직여 벌레를 찾아먹는 생활을 한다.

큰 짐승은 몸이 크니까 적은 식량으로는 부족한 것이 당연하다. 그러면 작은 짐승은 어떠한가? 사실은 작으면 작을수록 많이 먹고 있는 것이다. 자기 체중에 비하면 굉장히 많이 먹고 있는 것이다.

예를 들어 코끼리가 먹는 양은 체중이나 먹이의 종류에 따라 다르기는 하나, 대체로 여러 가지 식물을 하루에 100킬로그램 이상, 때로는 수백 킬로그램도 먹는다. 그래도 체중의 10분의 1 이하밖에 안 된다. 그런데 작은 짐승은 체중의 절반 정도를 먹고 있다.

## ● 가을에 굶어 죽는 땃쥐

땃쥐는 아주 작은 포유류다. 모습은 쥐와 비슷하나 같은 무리는 아니다.

땃쥐도 두더쥐처럼 입을 바쁘게 움직이며 끊임없이 먹고 있다. 이 역시 체중의 4분의 1에서 절반 정도를 먹지 않고는 살아가지 못한다.

땃쥐의 먹이는 곤충의 유충·지렁이·달팽이 등이며, 그 밖에 자기보다 큰 쥐의 종류를 습격하여 죽여서 먹는 수도 있다.

유럽의 땃쥐는 항상 봄에서 여름까지 번식한다. 땃쥐의 성장은 매우 빨라서 가을에는 거의 어른과 같은 크기로 된다.

🔻 **땃쥐**—땃쥐는 몸이 작고 등쪽의 털은 회갈색이고 앞·뒷발의 표면은 회백색이다.

그래서 가을이 되면 많은 땃쥐가 생활 장소를 찾아 이리저리 헤매고 있는 것이다.

그런데 가을에서 겨울에 걸쳐서는 주식인 곤충이 점차 줄어들기 때문에 땃쥐가 죽는 것은 천둥에 맞아 죽는 것도 아니다. 먹이가 적어진 가을에 또는 작년에 출생한 어버이쥐들이 굶어 죽는 것이다.

땃쥐의 수명은 불과 1년에서 1년 반이다. 작년 봄에서 여름까지 출생한 땃쥐는 가을에는 죽어 버린다.

이렇게 하여 젊은 땃쥐만이 남게 되며, 이 중에서도 죽는 것이 있지만, 하여간에 힘세고 먹이를 잘 잡는 것만이 살아 남게 된다.

먹이가 적을 때 동물이 살아간다는 것은 매우 큰 일이다. 땃쥐는 늙은 것이 죽음으로써 그 종족의 멸종을 막고 있는 셈이다.

## ● 먹이가 없으면 살아가지 못한다

동물은 모두 먹이를 먹는다. 먹이를 잡지 않는 동물은 없다. 나비가 꿀을 빠는 것도 꿀을 먹이로 하기 때문이다.

어떤 동물이건 비슷하게 지니고 있는 성질이 몇 가지가 있는데, 그 중에서도 가장 중요한 공통점은, 동물은 모두 먹이 없이는 살아갈 수 없다는 점이다. 물도 필요하다. 그러나 물은 마시지 않아도 몸 속에서 물을 만들거나 먹은 식물에서 수분을 섭취할 수도 있다. 하지만 먹이는 그렇게 할 수가 없다. 또 물은 식물에게도 필요하니까 물이 필요한 것은 동물만이 지니고 있는 성질이라고는 말할 수 없다.

어떤 동물이든지 자연의 세계 속에서 먹이를 찾아 내어 그것을 먹는 것이 동물 생활의 중요한 부분이다.

동물이란 '먹이를 먹는 생물이다'고 말할 수 있을 것이다.

🔺 동들은 먹이를 먹고 또한 수분도 섭취해야 한다.

# 동물들의 메뉴

## ● 동물원의 식단표

동물은 과연 어떤 것들을 먹고 살까? 동물원의 주방을 살펴보면 비지를 비롯해서 당근·양배추·사과·고래고기·전갱이 등 별의별 것이 마련되어 있다.

동물은 매일 똑같은 것을 먹어도 우리들 인간처럼 물리는 일은 없다. 영양상으로 균형을 잃지 않는 한 매일 똑같은 메뉴로도 상관 없는 것 같다.

야생 동물의 메뉴는 약간 달라진다. 동물원에서는 야생 동물

▲ 동물원의 식단표

에게 먹일 음식을 구하기 힘들어 그와 비슷한 영양분을 지닌 대용식을 주고 있다. 또, 최근에는 인공적으로 만든 사료를 먹이기도 한다.

## ● 식성으로 본 세 가지 형태

통상적으로 동물의 먹이는 생물이다. 생물에는 동물과 식물이 있다. 그리고 동물을 먹는 동물을 육식 동물, 식물을 먹는 동물을 초식 동물이라 하고, 두 가지를 다 먹는 동물을 잡식 동물이라고 한다. 동물을 먹이로 분류하면 어느 동물이나 이 세 가지 형태로 나누어진다.

이것을 좀더 상세하게 살펴보면, 완전한 초식 동물은 있으나

| 맨드릴 | 고릴라 | 캥거루 |
|---|---|---|
| 시괴, 빵, 과실, 양파, 아보카드, 옥수수, 사탕수수, 레터스, 토마토, 완두 | 말고기, 분유, 곡식가루, 설탕 강화유, 벌꿀, 바나나, 인산칼슘, 파, 당근, 오렌지, 계란, 셀러리, 사과, 포도, 완두콩, 비타민, 시금치, 고구마 | 사과, 레터스, 나뭇잎, 양배추, 클로버, 당근, 감자, 바나나, 빵, 납작보리, 빻은 보리 |

🔺 사슴은 나뭇잎을 먹는 초식 동물이다.

완전히 동물만 먹는 것은 그 종류가 매우 적다.

기린은 보통 나뭇잎을 먹지만 동물원에 있는 기린이 비둘기를 먹어 치운 일이 있다. 또, 토나카이는 초식 동물인데 레밍(쥐의 일종)을 잡아먹는 일이 종종 있다.

말과 소의 무리나 코끼리·코뿔소·하마 등은 거의 식물만을 먹는다. 소·사슴·하마와 똑같이 우제류(짝수 발굽을 가진 동물)에 속하는 멧돼지는 잡식 동물로, 곤충의 유충이나 지렁이, 쥐, 때로는 맹수가 먹다 남긴 고기도 먹는다.

캥거루 종류 중에서도 큰캥거루나 붉은캥거루는 초식을 하는데, 사향쥐캥거루 따위는 벌레류도 먹는 잡식가이다.

설치목에 속하는 쥐나 다람쥐·호저의 무리는 여러 가지 식물을 먹는다. 나무 껍질·과일·나무 열매·풀잎·뿌리·씨 등 여러 가지이며, 그것이 종류에 따라 다시 달라진다.

가령 비버의 주식은 나무 껍질인데, 다람쥐는 열매가 주식이다. 그 가운데는 잡식의 성질이 있는 것도 있다. 다람쥐 따위는 곤충이나 새알도 먹으며, 시궁쥐는 완전한 잡식가이다.

## ● 식육목의 동물

사자나 호랑이는 거의 완전히 육식을 한다. 다만 가끔 과일을 먹는 일이 있다고 한다. 중국의 동북 지방에 사는 호랑이는 호도나무 열매를 먹는 일이 있다고 한다. 이것은 대개의 경우 물을 대신해 먹거나 위의 활동을 조절하기 위한 것이다. 개가 풀을 먹을 때 역시 그러한 때이다. 고양이 역시 원래 육식을 하였으나 사람들이 키우기 시작한 후부터 잡식 동물이 되었다. 그러나 야생 고양이의 무리인 살쾡이류는 대부분 육

🔺 호랑이는 아시아의 밀림과 시베리아 등지에 사는 육식 동물이다.

🔴 이리—이리는 잡식의 성질이 약간 있다.

식이다.

개는 잡식 동물인데 들개의 무리는 어떨까? 개에 가장 가까운 야생의 무리는 이리와 재칼이다. 이리 중에는 과일을 잔뜩 먹은 놈도 있었던 모양이다. 잡식의 성질도 다소 지니고 있다는 뜻이다. 재칼은 더욱 잡식이어서 과일·열매만 먹고도 살수가 있다.

개의 무리가 모두 그렇다는 것은 아니지만 여우나 너구리 등의 무리는 모두 조금씩 잡식의 성질을 지니고 있다. 다만 리카온 같은 별종의 개는 거의 신선한 고기만을 먹는다.

개나 고양이의 무리를 식육목이라고 하는데, 이 밖에도 하이에나류·사향고양이류·곰의 무리·족제비류가 포함된다.

곰은 거의 잡식성이다. 또, 사향고양이류나 족제비류도 과일이나 열매를 꽤 많이 먹는 잡식성을 지니고 있다.

족제비의 종류인 담비의 무리도 감 같은 과일을 좋아한다. 그렇지만 과일이 없는 시기에는 다람쥐 등을 잡아먹는다. 오히려 동물식을 좋아하는 편이어서 잡식 동물이라고는 말할 수 없다.

이와 같이 식육목의 짐승 중에는 육식인지 잡식인지 확실히 구분하기 어려운 것이 많이 있다. 그것은 동물들이 이것 저것 가리지 않고 먹이를 섭취함으로써 살아갈 수 있다는 것을 말해 주기도 한다.

| | 육식 | 초식 | 잡식 |
|---|---|---|---|
| 먹는 먹이 | 산 고기를 먹는다.<br>곤충을 먹는다.<br>썩은 고기를 먹는다.<br>동물 몸의 피나 양분을 빤다.<br>뼈만을 먹는다.<br>가죽을 먹는다.<br>털을 먹는다. | 풀과 잎을 먹는다.<br>꿀을 빤다.<br>버섯을 먹는다.<br>나무를 먹는다.<br>화분을 먹는다.<br>수액을 빤다.<br>썩은 나무를 먹는다. | 동물과 식물의 양쪽을 같은 정도로 먹는다.<br>똥을 먹는다.<br>흙을 먹는다. |
| 동물의 예 | 사자,<br>독수리,<br>버마재비,<br>모기,<br>벼룩,<br>이, 회충,<br>하이에나,<br>쇠파리,<br>개미핥기,<br>혹줄풍뎅이,<br>가다랭이벌레,<br>새벼룩 | 소, 말,<br>털벌레,<br>하늘소의 애벌레,<br>비단벌레의 애벌레,<br>흰개미, 버섯벌레,<br>버섯파리, 나비,<br>벌, 꿀벌, 말벌,<br>네발나비,<br>썩은나무벌레 | 시궁쥐,<br>멧돼지,<br>말똥풍뎅이,<br>지렁이 |

🔴 여러 가지 동물의 식성

## ● 벌레를 잘 먹는 동물

육식을 하는 동물 중에는 벌레를 좋아하는 동물이 있어, 이것을 충식 동물이라고 부른다. 두더지는 충식 동물인데 곤충의 유충이나 지렁이 같은 것 외에도 도마뱀이나 쥐도 잡아먹는다. 수효도 많고 종류도 많은 등뼈 없는 동물(무척추동물)을 먹는 것이다.

충식 동물 중에서 주로 벌레만을 먹는 것은 개미핥기 무리이다. 개미핥기는 열대 지방에 사는 동물로, 그 지역에 많은 개미와 흰개미를 잡아먹고 산다.

이들 짐승은 어느 것이나 입이 뾰족하고 개미집에 얼굴을 들이밀기 쉽게 되어 있다. 이빨은 없거나 있어도 약하고, 그 대신 길게 뻗을 수 있는 지렁이와 같은 혀를 지니고 있다.

▲ 개미핥기는 뾰족한 잎으로 개미집의 개미들을 잡아먹는다.

🔺 다람쥐는 단단한 이로 딱딱한 열매 등을 갉아먹는다.

## ● 동물은 편식이 안 되는가

사람은 좋아하는 음식만 먹다 보면 편식이 되어 건강을 해치게 된다. 살기 위해서는 탄수화물, 지방, 단백질, 비타민류 등의 영양분을 섭취해야 한다.

탄수화물은 활동하는 데 중요한 에너지가 되는 것으로, 주로 식물의 뿌리나 줄기, 구근, 씨앗 등에 포함되어 있다. 단백질은 동물의 육체를 구성하는 섯으로, 동물의 실이나 계란의 흰자위, 식물의 씨앗 등에 포함되어 있다. 지방은 신체 내에서 연소되어 활동에 필요한 에너지를 내세 한다. 이것은 동물과 식물에서 섭취할 수가 있다.

또 비타민류는 몸의 상태를 조절하는 데 필요한 것이다. 이 밖에 뼈나 이빨·혈구 등을 만들기 위해 칼슘이나 인·철분 등도 필요하다.

초식 동물은 식물만 먹어도 모든 영양을 섭취할 수 있어 영양이 편중되는 일이 없다. 또 발톱을 가진 짐승의 무리에는 창자 속에 많은 미생물이 있어 굳은 식물을 소화시키고, 이 미생물의 시체를 단백질로 섭취하기도 한다.

육식을 하는 맹수들은 먹이 동물의 위나 창자 속의 식물도 통채로 먹고 있고, 또 비타민류를 저장하고 있는 간도 먹기 때문에 고기만 먹고 있어도 영양이 편중되지 않는다.

벌레를 잡아먹는 동물도 벌레를 통째로 먹어, 그 동물이 가지고 있는 영양분을 모두 섭취하게 된다.

육식의 짐승은 살아 있는 동물을 그대로 먹고 있으니까 잘 생각해 보면 영양 부족은 안 될 것이다.

식물은 통째로 섭취해도 그대로 동물의 영양으로 될 수 없다. 그러나 생물은 완전히 소화시키면 그다지 영양이 부족하게 되는 일은 없다.

동물이 먹은 것은 몸 속에서 여러 가지 형태로 흡수되어 그 동물의 육체로 변화하게 된다. 우리들 인간이 쇠고기를 먹으면 그것이 인간의 살이 되는 것과 마찬가지로, 사자가 얼룩말의 고기를 먹어도 사자의 살로 개조된다. 또, 코끼리가 나무를 먹어도 그것이 소화되어 코끼리의 살이 된다.

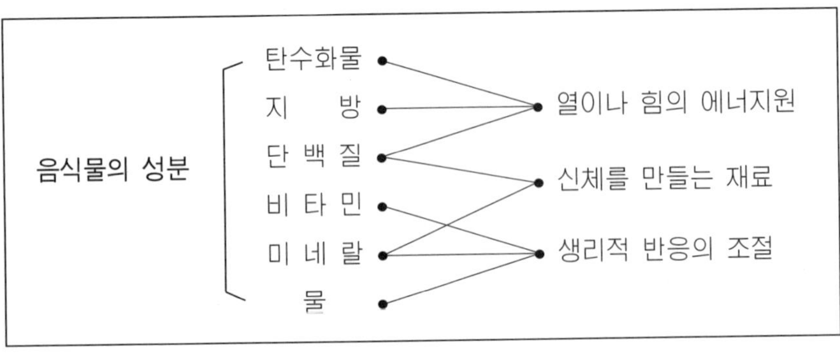

# 먹이가 삶의 장소를 정한다

### ● 사자와 호랑이의 먹이

잘 살펴보면 똑같은 육식, 또는 초식 동물이라도 종류에 따라 먹는 것이 조금씩 다른 것을 알 수 있다.

사자의 먹이는 여러 가지 영양류나 얼룩말·기린·멧돼지 종류인데, 호랑이의 먹이는 사슴류나 멧돼지, 그리고 가우아나 반텐 등 들소 종류이다.

이처럼 먹이가 다른 것은 호랑이와 사자의 분포지역이 다르기 때문이다. 호랑이가 사는 곳의 초식 동물과 사자가 사는 곳의 초식 동물의 종류는 다르다. 또, 호랑이는 숲에서 살고

🔻 호랑이는 나무가 우거진 숲에서 산다.

🔺 호랑이는 한밤중에도 잘 볼 수 있어 밤에도 사냥을 잘 한다.

사자는 초원에서 살기 때문이기도 하다.

호랑이는 아시아의 동물이니까 아프리카에는 없지만 사자는 인도에도 살고 있다. 지금부터 백 년쯤 전에 인도의 중부나 서부에는 호랑이와 사자가 살고 있었다. 호랑이는 숲 속에, 사자는 초원에 살고 있었다.

호랑이의 먹이는 주로 사슴류나 멧돼지류였다. 인도의 사자도 사슴이나 멧돼지를 먹이로 하였지만, 주로 인도 초원에 있는 영양류나 오나가라고 하는 야생의 당나귀 등을 먹었다.

또 같은 사슴류라도 사자가 먹는 것은 초원에 사는 종류였고, 호랑이는 숲에서 사는 아키시스사슴이나 산바 등을 잡아먹었다.

이와 같이 호랑이와 사자는 같은 인도에서도 사는 장소를 달리하여 먹이를 나누어 먹고 있었다.

## ● 검은 코뿔소와 흰코뿔소의 먹이

　더욱 분명한 것은 코뿔소의 경우다. 지금은 적어졌지만 아프리카에서는 흰코뿔소와 검은 코뿔소 두 종류가 살고 있었다.

　검은 코뿔소와 흰코뿔소는 다 함께 나무가 있는 사바나라고 하는 초원에 살고 있는데, 자세히 보면 그들이 사는 장소가 조금씩 다르다.

　흰코뿔소는 지금은 2,000~3,000마리 정도로 줄어, 남아프리카와 중앙 아프리카의 제한된 지역에 살고 있으므로 이들 두 종류가 함께 있는 일은 없다. 하지만 옛날에는 함께 있던 곳도 있었다.

　그런데 흰코뿔소의 입은 마치 하마의 입처럼 평평하게 되어 있다. 이것은 땅 위에 난 풀을 뜯어 먹기에 적합하게 된 것이

🔻 흰코뿔소는 평평한 입으로 풀을 뜯어 먹는다.

🔺 검은 코뿔소의 입은 끝이 뾰족하며 피부가 두껍고 딱딱하여 나뭇가지에 긁혀도 말짱하다.

다. 지면에 평평한 입을 대고 마치 풀 베는 기계처럼 풀을 뜯어 먹는다.

한편 검은 코뿔소는 흰코뿔소와는 달리, 입 끝이 삼각형으로 뾰족하고 웃입술을 뻗어서 나뭇잎이나 나뭇가지를 휘어잡고 뜯어 먹는다. 그렇지만 검은 코뿔소는 숲 속의 짐승은 아니다. 숲 속의 높은 나뭇가지의 잎을 먹기에는 키가 너무 작아서 마음대로 먹을 수가 없다. 그러므로 검은 코뿔소는 낮은 나무 숲에서 사는 것이 가장 살기 좋은 셈이 된다.

무성한 키작은 나무 숲은 가지가 서로 엉키고 가시 돋힌 나무가 있어, 사람은 마음대로 움직이지도 못한다. 그러나 검은 코뿔소는 두꺼운 피부와 큰 몸집으로 그런 숲 속에서도 마음대로 돌아다닐 수가 있는 것이다.

한편 흰코뿔소는 더 큰 몸집을 가지고 있으나 먹이의 형편으로 초원이 아니면 살기가 곤란한 것이다. 그래서 초원이며 깊은 숲 속에서 사는 검은 코뿔소와는 같은 사바나 초원이라도 장소가 다른 곳에서 살고 있는 것이다.

## ● 같이 먹이를 나누어 먹는다

사자와 하이에나는 같은 먹이를 먹지만 먹는 법이 조금씩 다르다. 하이에나는 튼튼한 이빨과 억센 턱의 힘으로 굵은 뼈까지 씹어서 속까지 먹어 버린다.

또 코끼리는 나뭇잎을 먹을 때, 나뭇가지를 꺾어서 작은 가지는 통째로 먹는다. 그 뒤에 영양류가 와서 싹을 먹는데, 이런 경우 같은 식물을 시간에 따라 나누어 먹는다고 말할 수 있다.

🔺 하이에나는 턱의 힘이 강하여 굵은 뼈도 깨물어서 뼛속의 물까지 빨아먹는다.

🔺 동물들이 살아가는 데는 환경의 영향을 많이 받는다.

　이와 같은 동물은 종에 따라 다른 먹이를 다른 방법으로 먹고 있는 것이다. 그러므로 한 종류의 먹이를 함부로 모여들어 먹어 치우는 일도 없어 같은 장소에 여러 종류의 동물이 살 수 있는 것이다.

　한편 자연의 생태계를 이루고 있는 생물의 종류와 수가 비교적 일정하게 유지될 때 평형을 이룰 수 있다.

　이러한 평형 유지 요인으로 중요한 것은 먹이 장소와 환경이다. 즉 환경 요인이 동·식물이 살아가기에 알맞아야 한다.

# 2

# 야생 동물의 생활

# 대초원의 왕자

## ● 알아 주는 아프리카코끼리

물을 마시러 오는 아프리카코끼리를 방해하면 매우 위험하다고 한다. 남아프리카에서는 짐을 싣고 사람이 타고 있는 소달구지가, 소와 함께 송두리째 내동댕이쳐진 일이 있었다고 한다.

우간다에서는 하마가 물을 마시고 있는 코끼리 옆에 있는 것을 보았는데 그다지 코끼리에게 주의를 안 하는 것 같더니 코끼리가 가까이 오자 하마는 물 속 깊이 헤엄쳐 가 버렸다.

하마나 코뿔소는 코끼리에게 양보하는 것이다.

🔺 코끼리는 하루에 70~90리터의 물을 마신다.

● 인도코끼리는 귀가 작고 어금니가 짧으며, 등이 꼽추처럼 둥글게 솟아 나와 있다.

코끼리는 큰 몸집에 긴 코를 지니고 있다. 게다가 아프리카코끼리는 수컷은 물론 암컷도 엄니가 있다. 아프리카코끼리의 수컷은 무게가 5~6톤이나 되고 어깨까지의 높이가 3.5미터나 된다. 드물게는 무게가 10톤 이상이며 키가 3.9미터나 되는 것도 있다. 암컷은 그보다 약간 작기는 하지만 그래도 인도코끼리의 수놈과 비슷한 크기이며 무게가 3~4.5톤, 어깨까지의 높이가 2.7미터 가량이다. 그것이 떼를 지어 있는 것이다.

한편 백수의 왕이라고 하는 사자를 생각해 보자. 사자는 검은 코뿔소를 죽일 때도 있다. 평소에는 검은 코뿔소에게 쫓기면 억지로 피하는 일도 있는 사자가 굶주리게 되면 코뿔소를 죽이는 것이다. 하마도 물론 죽인다. 아프리카물소도 수컷 사자가 아주 굶주렸을 때는 당하지 못한다.

이렇게 되면 사자가 알아 주는 것은 아프리카코끼리뿐이다.

🔺 코끼리는 육지에서 가장 큰 동물이다. 긴 코는 코와 윗입술이 변해서 생긴 것이다.

사자의 생활에 대하여는 앞에서 이야기했지만 사자는 육식 동물 중에서 가장 큰 먹이를 잘 잡는 맹수이다. 이와 거의 비슷한 것이 호랑이다.

그런데 초식 동물 중에서 가장 큰 것은 코끼리다. 그것도 아프리카코끼리와 인도코끼리다.

이와 같이 육식과 초식으로 생활이 전혀 다른 동물 중의 대표적인 대형 동물이 어느 쪽도 힘이 강하다고 하는 것은 흥미 있는 일이 아니겠는가?

## ● 코끼리와 사자는 어느 쪽이 강한가

그러면 아프리카코끼리와 사자가 싸우면 어느 쪽이 승리할까? 나는 유감스럽게도 아직 코끼리와 사자가 만나는 것을 보지 못했다.

53

그러나 남아프리카에서는 한 마리의 커다란 수코끼리가 두 마리의 사자가 있는 곳에 걸어가자 마침내 사자는 자리를 비킨 일이 있다고 한다.

사자는 평소 별로 싸움을 안 하는 맹수이니까 그것만으로는 사자보다도 코끼리가 힘세다고는 말할 수는 없을 것이다. 그렇지만 어른이 된 수코끼리는 혼자서도 사자를 겁내지 않는 것 만은 확실한 모양이다. 나는 많은 사자가 살고 있는 셀렝게티 평원에서 혼자 사는 큰 수코끼리를 본 일이 있다.

한편 사자가 두 마리일 때 암코끼리라면 죽일 것이라고 말하지만 이것도 확실한 것은 알 수가 없다. 미아가 된 새끼

● 아프리카코끼리는 암컷을 중심으로 떼를 지어 살고 수컷은 주로 가족 주위를 살피며 다닌다.

🔺 어른 코끼리는 멀리 이동하거나 적이 나타나면 어린 코끼리를 보호해 준다.

코끼리가 사자에게 발견되면 이건 도저히 살 수 없게 된다. 코끼리의 새끼는 다섯 마리가 태어났다면 그 중의 한 마리는 사자의 밥이 되지 않나 생각된다.

새끼코끼리는 하이에나나 리카온의 무리에게도 잡아먹힌다. 어미코끼리도 한 마리뿐이라면 이러한 육식 동물의 무리에게는 당하지 못할 것이다. 그렇지만 코끼리는 무리를 이루고 있어, 웬만해서는 다른 짐승에게 잡아먹히지 않는다.

# 시체에 모여드는 야수들

## ● 대초원의 장의사

아프리카코끼리의 시체가 있으면 하이에나나 독수리가 모여든다. 코끼리는 죽는 곳이 따로 있어 죽어도 그 시체를 보이지 않는다는 것은 미신이다.

나는 아프리카의 우간다에서 코끼리의 시체를 본 일이 있다. 고약한 냄새가 나고 파리 떼가 잔뜩 꾀어 있었다. 병으로 죽은 암코끼리였으며, 창자는 독수리가 먹어 치운 다음이었다. 시체 위에 백묵으로 낙서를 한 것처럼 보였는데 그것은 독수리의 배설물이었다.

● 하이에나—주로 저녁에 활동하고 무리지어 사냥하며 죽은 동물도 찾아 다닌다.

● 점박이 하이에나는 야행성으로 주로 썩은 고기를 먹고 대형 동물의 습격을 받기
도 한다.

코끼리의 시체를 보는 것은 특별히 드문 일은 아니다. 예를 들어 우간다에 사는 2만 마리의 코끼리 중 1959년 1년 동안 180마리가 죽었는데 그 시체는 거의 발견되었다.

다음 날 다시 한 번 코끼리의 시체 옆으로 가 보았다. 나는 하이에나가 와서 하룻밤 사이에 모두 먹어 치우고, 뼈만 남았으리라 생각했는데 코끼리의 시체는 별로 변한 곳이 없었다. 코끼리의 두꺼운 피부는 그렇게 쉽게 먹혀지지 않는 모양이다.

하이에나는 먹는데 열중하여 코끼리의 배에 있는 구멍으로 들어가는 수가 있다. 이 구멍은 배에 가스가 차서 터진 구멍이다. 그런데 구멍이 작아서 많이 먹어 배가 튀어나온 하이에나는 구멍을 빠져 나오지 못하게 되었다는 이야기도 있다.

코끼리의 시체 주위에는 사자의 발자국도 있었다. 사자도 시체를 먹는 수가 있다.

## ● 하이에나와 사자

하이에나는 통상적으로 시체를 먹는데 스스로 먹이를 사냥할 때도 있다. 이들은 이따금 얼룩말을 습격하여 잡아먹기도 한다. 또 사자가 먹다 남긴 고기를 도둑질할 때도 있다. 물론 사자가 있는 데서는 하이에나는 꼼짝도 못한다. 오히려 사자에게 먹이를 빼앗기는 일이 많은 것 같다.

네덜란드의 어느 동물학자가 하이에나의 생활 모습을 관찰한 예가 있다. 어느 땐가 하이에나의 무리가 쓰러뜨린 먹이 동물을 두 마리의 수사자가 다가와서 의젓이 먹기 시작하니까 하이에나는 도망쳤다는 것이다.

또 어느 때는 한 마리의 암사자가 고기를 먹고 있는 곳에 하이에나 무리가 다가왔다. 그 중의 한 마리가 사자의 꼬리를 뒤에서 물었다. 사자가 뒤돌아서자 하이에나는 도망치고 또

🔺 사자를 공격하는 하이에나 무리들

다른 하이에나가 또 꼬리를 물었다. 그러자 암사자는 도망쳐 버리고 하이에나들이 그 먹이를 빼앗았다는 것이다.

그뿐만이 아니다. 새끼사자나 부상을 당했거나 나이가 많아 힘이 없는 사자는 하이에나의 습격을 받아 그들의 밥이 되는 일도 종종 있다.

또, 하이에나가 얼룩말이나 누 같은 먹이 동물을 습격하는 일도 생각했던 것보다 많은 모양이다. 언제나 시체만을 먹는 것이 아니고, 먹을 수 있는 것은 무엇이든 먹는다는 것이 옳을 것이다.

하이에나는 대식가이다. 그리고 이빨과 턱이 강해서 사자도 못 먹는 굵은 뼈도 깨물어 먹는다.

## ● 재칼과 독수리

하이에나와 마찬가지로 사자가 먹다 남긴 것을 원하는 것에 재칼이 있다. 하이에나보다는 민첩하고 여우와 개의 튀기처럼 보이는 동물이다. 재칼도 시체만을 먹는 것이 아니고 쥐의 무리나 곤충 따위도 먹는다.

독수리도 시체를 먹는다. 이렇게 시체를 먹는 새는 머리가 대머리가 되어 있다. 코끼리 같은 동물 시체의 뱃속에 머리를 쑤셔 박고 먹는 데는 머리나 목에 털이 없는 편이 편리하기 때문일 것이다.

내가 본 코끼리의 시체도 하이에나나 독수리가 먹어 치울 것이다. 하이에나가 먹지 못하는 굵은 뼈나 단단한 송곳니는 호저가 물어 뜯거나 곤충들이 빨아먹을 것이다. 마지막으로 미생물 등이 시체를 분해해 버린다.

🔺 먹이를 먹고있는 대머리 독수리

● 호저는 나무 위에서 생활하는 것과 바위가 많은 산지에서 굴을 파고 사는 것이 있다.

▲ 호저는 튼튼한 앞니가 있고 몸은 부드러운 털과 뻣뻣한 털, 뾰족한 가시털로 덮여 있다. 위험이 닥치면 몸을 둥그렇게 움츠린다.

시체에서 나는 고약한 냄새는 이러한 미생물 종류인 부패균의 작용으로 발생하는 가스인 것이다.

미생물이 분해한다는 것은 미생물이 먹이를 먹고 있다는 말이다.

# 아프리카의 학살자들

## ● 표범의 먹이

표범은 민첩한 맹수이긴 하나 힘은 그다지 세지 않다. 사자에게 죽음을 당할 때도 있다. 또 하이에나도 두 마리 이상이면 표범보다 세고 리카온의 무리도 표범을 죽인 일이 있다.

대개 표범은 사자와 마찬가지로 스스로 동물을 잡아먹는다. 그러나 사자와 표범은 주식이 다르다.

사자는 영양류 중에서도 에랄드·세이블·누 등과 같은 대형 짐승을 잡아먹는데, 표범이 잡아먹는 것은 좀더 작은 다이카나 부시벅의 암놈 등이다. 누 또는 얼룩말을 잡을 때도 표범은 새

● 표범은 나무 위나 숲 속에 몸을 숨기고 있다가 먹이를 잡는다.

🔺 풀 속에 숨어서 먹이를 노리는 표범

끼를 잡아먹는다. 또, 숲 속에 사는 살쾡이류나 재칼·여우·원숭이·멧돼지류의 새끼나 숲에 사는 영양류도 잡아먹는다.

표범은 사자처럼 떼를 짓지 않는다. 또 흔히 나무 위나 숲 속에 몸을 숨기고 먹이를 잡는다. 이것도 사자와는 다른 점이다.


## ● 숲 속의 둔술자

아프리카에서는 표범이 사자가 있는 초원에도 있으나 대개는 숲 속에 많은 맹수이다. 한편, 사자는 깊은 숲 속에는 살지 않는다. 같은 초원에 있을 때도 표범은 깊은 숲 속에 있는 일이 보통이다.

표범의 몸은 누런 바탕에 검은 반점이 있는데, 이것이 나뭇잎의 그늘과 똑같은 것이다. 그래서 숲 속에 있으면 좀처럼 발견할 수가 없다.

표범의 동물 사냥법은 사자처럼 앞발로 한 대 쳐서 죽이는, 그런 호쾌한 방법은 아니다. 그들은 작은 영양류의 목을 물거나 때로는 숨통을 물고 늘어져 숨을 끊어 죽이는 것이 보통이다.


## ● 쾌속으로 달리는 치타

치타도 표범과 마찬가지로 중형이나 소형의 영양류를 먹이로 한다. 치타는 나무가 드문드문 있는 초원이나 풀이 조금밖에 없는 넓은 초원에 살고 있다.

치타는 300미터를 10초 안팎으로 달리는 쾌속의 주인공으로, 짐승들 중에서는 단거리의 챔피언이다. 그러나 그 다음부터는

▲ 단거리 선수인 **치타**—다리가 가늘고 길어서 육상 동물 중 가장 빨리 달린다.

속도가 훨씬 줄어든다. 그래서 먹이 동물이 있는 가까이까지 몰래 다가가서 달려든다.

나는 아프리카에서 치타를 여러 번 보았다. 어느 때는 나이로비 근처의 국립 공원에서 네 마리의 치타 뒤를 쫓아 오랜 시간 자동차를 달리기도 했다.

치타는 배를 깔고 엎드린 채 머리를 쳐들고 날카로운 눈으로 사방을 훑어보기 시작했다. 먹이 동물을 찾으려는 것이 분명했다.

또 조그마한 새끼를 네 마리나 데리고 있는 어미치타를 본 적도 있다. 새끼는 재롱을 부리고 있지만, 그 때도 어미는 유심히 사방을 지켜 보고 있었다.

치타는 먼 거리를 달리지 못한다. 그래서 넓은 초원에서는 먹이에게 얼마나 가까이 가느냐가 사냥을 성공시키는 관건이 된다. 치타가 근처에 먹잇감이 있나 하고 끊임없이 둘러보는 것도 무리는 아니다. 아무리 빠른 영양도 치타가 가까이 간 다음에는 도저히 도망칠 수가 없다.

### ● 치타의 먹이

치타의 중요한 먹이는 여러 종류의 가젤이나 게레누크·임팔라 등과 같은 초원에 사는 영양류이다. 아마 토끼도 좋은 먹이가 될 것이다.

치타가 사냥하는 법은 표범과는 달리 쫓아가서 죽이는 것이다. 더구나 치타는 신선한 고기 외에는 먹지 않는다. 신선하지 않으면 거의 입을 대지 않는다.

치타의 네 개의 발은 가늘고 길어서 그다지 힘은 세지 않

다. 사자에게 잡힐 때도 있고 하이에나에게 먹이를 빼앗길 때
도 있다. 리카온의 무리에게 잡아먹힐 때도 있다. 그 대신 그
들은 달리는 속도가 빠른 것이다.


## ● 죽음의 장거리 주자 리카온

리카온은 '아프리카의 이리'라고도 할 수 있는 맹수이다.
털이 성글게 나고 그것도 세 가지 빛이다. 리카온도 치타처럼
신선한 고기만을 먹는다.

리카온은 치타와 같은 단거리 선수가 아니고 장거리 주자이
다. 그들은 떼를 지어 릴레이식으로 먹이를 뒤쫓는다고 한다.

오랜 시간 리카온의 무리에 추격을 당하면 제아무리 발의 힘
이 좋은 영양류도 지쳐 버리게 된다. 그렇게 되면 리카온은 옆
에서 덤벼들어 물고 늘어지며 살을 물어 씹는다. 영양은 피를
흘리며 도망치지만 마침내 지쳐 쓰러져 버린다. 그럼 리카온

🔴 리카온—초원에서 떼를 지어 사는 육식 동물로 달리기를 잘 한다.

🔺 리카온은 신선한 고기만을 먹는 동물로 초식 동물의 가장 무서운 적이다.

들은 아직 살아 있는 먹이에 달려들어 먹어 치운다.

리카온의 먹이 동물은 소형의 영양류를 비롯하여 큰일란드·워터벅·롱 세이블·얼룩말·물소·기린 등이다.

리카온은 신선한 고기가 아니면 먹지 않으므로 먹이를 찾아서 연방 죽인다. 초식 동물들은 치타나 사자·표범의 습격을 받아도 때로는 사는 수도 있지만, 리카온에게 발견되면 절대로 살아나지 못한다. 그러므로 리카온은 초식 동물에게는 가장 무서운 적이 된다.

리카온은 게이프의 사냥개라든가 아프리카의 야생의 사냥개라고 불리운다. 넓은 의미로는 개의 종류이나 보기와는 달리 여우나 너구리보다도 개와는 거리가 멀다.

## ● 그 밖의 학살자들

리카온과 똑같은 개의 무리인 재칼은 더 작은 먹이를 사냥해 먹는다. 동아프리카에 많은 것은 검은등재칼이다.

또 큰귀여우(오토키온)도 동아프리카에서 가끔 볼 수 있는 개의 종류다. 먹이는 주로 들토끼나 들쥐 또는 두더지 같은 작은 짐승이나 새·곤충 및 동물의 시체 등을 먹는다.

하이에나에 가까운 아드울프는 이빨이 약해서 주로 도마뱀이나 벌레 등을 먹는다.

아프리카에는 이 밖에도 몇 종류의 살쾡이가 있다. 큰 것으로는 초원에 사는 칼라칼과 사발고양이, 숲 속에 사는 골든고양이 등이 있다. 풀숲에 많은 정글고양이·이미아산고양이 등은 중형의 살쾡이다.

또 사향고양이나 몽구스의 무리도 있고, 족제비 종류로는

● **검은등재칼**—주로 밤에 사냥하고 굴을 파고 그 속에 새끼를 낳는다.

🔴 **몽구스**—사향고양이에 속하고 족제비고양이라고도 한다. 땅위나 물가에 살며 밤 낮으로 사냥하고 뱀, 물고기, 곤충 등을 먹는다.

오소리와 비슷한 생활을 하는 라텔과 수달 등이 있다.

이와 같은 소형의 육식 동물은 사는 장소에 따라 여러 가지 먹이 가령, 다람쥐 종류나 쥐 종류·들토끼류·도마뱀·개구리 또는 색시닭 등 지상에 사는 새·새의 알·새끼 등 그 밖에 원숭이 종류를 잡아먹고 생활한다.

# 초식 동물의 생활

## ● 영양의 무리들

초식 동물들은 겉보기에는 같은 장소에서 같은 생활을 하는 것 같지만 실은 각기 조금씩 다른 생활을 하고 있다.

아프리카의 초식 동물의 대표라고 하면 영양류이다. 영양류는 모두 다리가 길고 사슴처럼 날씬한 몸매를 하고 있으나 사실은 소의 무리에 속한다. 같은 소의 무리라도 염소나 면양과는 다른 그룹에 속한다. 사슴 뿔에는 가지가 있으나 영양의 뿔에는 가지가 없다.

나는 동아프리카를 한 달 남짓 돌아다니며 여러 가지 동물

🔺 임팔라 영양—초식 동물로 뿔은 수컷에만 나며, 지상 9~12미터를 뛴다.

🔻 암컷을 차지하기 위해 쟁탈전을 하는 워터벅 수컷

을 관찰했는데, 이 때 꽤 많은 종류의 영양류를 볼 수 있었다.

가장 큰 일란드나 작은 디크디크 외에도 타이거·올리비이·그랜드가젤·톰슨가젤·임팔라·오릭스·리드백·부시벅·콩고니·토피·누와 롱 등 20종 가까운 영양을 보았다.

이렇게 종류가 다른 영양이 모두 풀과 나뭇잎을 먹고 있지만 결코 똑같은 생활을 하고 있는 것은 아니다.

예를 들어 케냐의 나이로비 국립 공원에서는 콩고니와 누는 똑같이 환히 트인 초지에 살고 있었으나, 일란드는 냇가의 숲이나 언덕에 있는 깊은 풀숲 등에 있어, 넓은 곳에서는 보이지 않았다. 부시벅은 군데군데 있는 더 깊은 숲에 살고 있었다.

워터벅은 냇가에 있다. 앗시강 기슭의 얕은 숲에서 나는 워터벅의 수놈이 20마리 가량 있는 것을 보았다. 근사하고 보기 좋은 무리였다. 같은 영양이라도 특히 가까운 종류는 서로 다른 지역에 살고 있는 것 같다.

영양류인 하테비스트의 무리는 다시 몇 종류로 나뉘는데, 잭슨은 우간다에, 콩고니는 나이로비 근처에, 토피는 셀렝게티 평원 등 각각 사는 곳이 다르고 몸매도 조금씩 달랐다.

## ● 그 밖의 초식 동물

아프리카물소는 가까운 곳에 물이 있는 숲에서 흔히 떼를 지어 산다. 이와 똑같이 강기슭에서 풀을 먹고 사는 동물에 하마가 있다.

🔺 아프리카물소—낮에는 숲에서 쉬거나 물가에서 진흙 목욕을 하고 해질 무렵부터 먹이를 찾아 활동한다.

땅돼지—야행성으로 아프리카 수림·초원·황무지 등에서 굴을 파고 살며, 개미나 메뚜기 등을 먹는다.

　얼룩말은 풀을, 기린은 아카시아 잎을 먹는다. 또 검은 코뿔소를 숲 속에서 볼 수가 있었다. 들토끼는 풀을 먹고 땅다람쥐나 호저는 흔히 구멍을 파서 곤충이나 풀뿌리 등 여러 가지를 먹고 산다.

　구멍을 파는 선수는 땅돼지다. 얼핏 보기에 돼지와 비슷하고, 발톱 달린 동물(유제류)의 조상을 닮은 귀한 동물이다. 주로 개미나 흰개미를 먹는데, 동아프리카의 초원에는 여러 군데에 개미총이 있어 먹이가 풍부한 곳임에 틀림없다.

# 삼림에 사는 동물들

## ● 삼림의 주민인 원숭이

동아프리카는 넓은 대지로 되어 있다. 그 대부분은 사바나라고 불리는 강우량이 적고 나무가 성글게 나 있는 초원으로 되어 있다. 그러므로 큰 삼림 지대는 별로 없고, 기껏해야 킬리만자로 산과 케냐 산을 중심으로 한 일대가 있을 뿐이다.

그러나 서쪽으로 갈수록 우량이 많아져 우간다 근방부터는 삼림 지대가 된다. 우간다는 동쪽의 케냐보다는 훨씬 우량이 많고 공기가 습해 초목이 잘 자란다.

이러한 삼림에는 여러 종류의 원숭이들이 살고 있다.

🔺 초원의 원숭이들—열대림에 살고 있는 원숭이는 대부분 하등의 원숭이들이다.

아프리카에 사는 원숭이 종류 가운데 유명한 것이 고릴라와 침팬지일 것이다.

삼림의 왕자로 불리우는 고릴라는 유인원 중에서 가장 몸집이 크다. 어른 수컷은 체중이 250킬로그램 이상, 키가 1.8미터나 된다. 이들은 깊은 숲 속에서 가족과 함께 살며, 야생의 셀러리와 죽순 그 밖에 나무 열매와 초목의 싹을 먹는다.

침팬지는 고릴라와 닮았지만 그보다 훨씬 작아서 큰 수컷이라야 1.6미터 정도이다. 이들은 떼를 지어 살며, 주로 나무 위에서 먹이를 구한다. 이들이 먹는 먹이는 나무 열매나 새싹인데, 그 밖에 곤충·새·새알 등을 먹는다.

이 밖에도 삼림에는 게논이라든가 망가베·게레자 등 여러 종류의 원숭이들이 나뭇잎과 풀싹, 열매, 곤충이나 새알 등을

🔻 고릴라는 유인원 중 가장 크며, 울창한 원시림에서 소가족 단위로 서식한다. 먹이는 주로 과일이나 씨앗·버섯 등을 먹는다.

🔺 원숭이류 중에서 나무 위에서만 사는 것도 있다.

먹으며 살고 있다.

또 아완치보·포트·가라고 등의 원원류(原猿類)라고 불리는 다른 짐승과 닮은 원숭이들도 삼림 속에 살고 있다.

비비·파타스원숭이·사바나원숭이 등은 삼림에서 초원으로 주거지를 옮긴 원숭이들로, 나무가 성글게 나 있는 초원지대(사바나)에서 흔히 볼 수 있다.

## ● 삼림 지대에 사는 동물

아프리카코끼리는 삼림이나 초원에도 있으나, 삼림 지대에 사는 것이 훨씬 작다. 흔히 둥근귀코끼리라 불리며, 다른 아프리카코끼리와 구별되고 있다.

아프리카물소도 삼림과 초원의 어디에나 있는데 초원의

것은 검고 크며, 삼림의 것은 작고 갈색이다. 그래서 삼림에 사는 것을 아프리카물소라고 부르는 일이 있다.

비가 많이 오는 서아프리카의 밀림 지대의 강에는 리베리아하마가 있다.

삼림에 사는 영양류로는 뿔도 몸집도 크고, 무늬가 있는 봉고가 유명하다. 작은 타이거나 피그미안테로우프도 삼림에 사는 영양의 무리이다.

멧돼지는 삼림에 사는 것이 크고, 길이도 2미터나 되지만 초원의 것은 훨씬 소형이다.

삼림에 사는 대형의 짐승으로는 천산갑이 있다. 솔방울 같은 비늘로 피부가 덮여 있는데, 몸집은 2미터나 된다.

천산갑은 낮에는 깊은 굴 속에서 자고 밤이 되면 지상으로 나와 긴 혀끝으로 개미와 흰개미를 잡아먹는다. 콩고의 오지에 있는 이쓰리 대삼림에는 기린의 종류인 살아 있는 화석이라고 불리우는 오카피라는 짐승도 살고 있다.

깊은 삼림에는 사자나 치타는 살지 않는다. 그러나 표범을 비롯하여 골든고양이라고 불리우는 커다란 살쾡이나 사향고양이·몽구스 등의 육식 동물이 살고 있다. 이들은 초식이나 잡식 동물을 먹이로 하면서 각양 각색의 생활을 하고 있다.

## ● 생물의 작은 세계

지금껏 보아 왔듯이 초원이나 삼림 같은 자연의 모습이 다르면 거기에 사는 동물의 종류도 달라진다.

예를 들어 아프리카의 초원에는 영양·얼룩말·사자·치타 등의 동물이 살고 있으며, 삼림에는 고릴라·침팬지 등의

● 아프리카 초원에는 많은 동물들이 함께 살아가고 있다.

악어—주로 하천, 늪지대에 사는 육식 동물로 사람을 습격하기도 한다.

원숭이류가 살고, 하마와 악어는 강이나 늪가에 살고 있다. 그리고 삼림에 사는 동물이 초원이나 사막으로 나가는 일은 좀처럼 없다.

또 동물들은 한 종류만이 생활하고 있는 것이 아니고 많은 종류가 서로 관계를 맺으면서 살고 있는 것이다. 그러한 관계의 근본은 잡아먹고 잡아먹히는 관계이다.

그리고 동물들은 다른 동물과 깊은 관계가 있을 뿐 아니라, 식물이나 기후와도 떨어질 수 없는 연관성을 가지고 있다.

앞에서도 말했듯이 크게 보면, 초원의 동물은 삼림이나 삼림의 동물과는 거의 관계가 없다. 즉 초원과 삼림은 별도의 생물 세계를 이룩하고 있는 것이다.

삼림·초원과 같은 생물계는 아프리카뿐만이 아니고, 아시아나 아메리카에도 있다. 그러나 아프리카와 아메리카는 각기

🔺 기린은 주로 건조 지대인 사바나에 살며 나뭇잎이나 풀을 먹는 초식 동물이다.

서로 다른 동물과 식물의 조화를 이루고 있다.

예를 들면 동아프리카의 고원은 열대이지만 전체적으로 강우량이 적고, 그것도 거의 한꺼번에 내리고 만다. 그래서 군데군데 낮은 나무가 무성한 대초원(사바나)이 된다. 그리고 거기에는 영양류나 얼룩말 같은 초식 동물과, 그들 초식 동물을 먹고 사는 육식 동물이 살고 있는 것이다. 또 이들 맹수가 먹다 남긴 찌꺼기를 찾아다니는 하이에나나 독수리도 있다.

이에 비하여 북아메리카의 중부는 1년 내내 더위와 추위, 맑은 날과 비 오는 날의 시기가 확실히 구분되면서 대초원이 형성되어 있다. 거기에는 아메리카들소·프롱혼 등의 초식 동물과 이리와 코요테 같은 육식 동물이 서로 깊은 관계를 가지고 생물계를 이룩하고 있다.

이와 같이 같은 초원이라도 사바나와 아메리카의 대초원은 각기 서식하는 동식물의 종류가 다르게 된다. 그렇지만 동물의 종류가 다르기는 해도 초식 동물은 떼를 지어 살며 발이 빠르고 생활의 모습도 비슷하다.

아프리카의 열대림과 남아메리카나 남아시아의 열대림에서도 동물들의 종류는 다르지만 생활 모습은 비슷하다.

지구상의 생물의 세계는 지역에 따라 다르다. 그 차이를 구분하는 방법은 여러 가지가 있으나 크게는 초원과 삼림의 차이로 구분하는 방법이 있다. 그것에 의하면 생물의 세계는 열대림·온대림·한대림·초원·사막·툰드라 등으로 나눌 수 있다.


## ● 생물계의 성립

지구상에는 지역에 따라 여러 가지 풍토를 볼 수 있는데, 이런 차이는 기후의 차이에 의한 것이다. 가령 어느 지역이 초원이 되든가 삼림이 되든가 하는 것은 주로 강우량이나 비 내리는 모습, 태양의 빛 등에 의하여 결정된다.

기후에 따라 식물의 모습이 달라지면, 거기에 사는 동물의 종류도 달라지는 것이다.

초원에는 풀을 찾아 돌아다닐 수 있는 튼튼한 다리를 가진 초식 동물이 살기가 좋다. 그렇게 되면 초원의 육식 동물은 발이 빠른 초식 동물을 잡아먹는 데 적합한 육체가 아니면 살아갈 수가 없게 된다.

그리하여 오랜 세월에 걸쳐 가장 살아가기에 적합한 육체적 조건을 가진 동물이 초원에 정착하게 된 것이다.

그런데 앞에서도 말했듯이, 아메리카의 초원과 아프리카의

**지구상의 동물들**

① 북극 지방에 사는 북극곰

② 한대림에 사는 순록

③ 열대 우림에 사는 나무늘보

④ 온대림에 사는 사슴

⑤ 사막에 사는 줄무늬 유대 개미 핥기

🔺 아프리카 초원에 사는 하테비스트

초원은 각각 살고 있는 동물이 전혀 다르다.

그 이유는 무엇 때문일까?

아프리카의 영양류—가령 하테비스트와 북아메리카의 프롱혼은 얼핏 보면 아주 닮았는데 자세히 살펴보면 다른 곳이 있다. 프롱혼에는 뿔에 가지가 있다. 그 때문에 곁가지 영양이라고도 하지만 소과의 종류가 아니고 진짜 영양도 아니다.

아메리카들소와 아프리카물소도 다르듯이 아메리카에 있는 코요테와 아프리카의 재칼도 서로 닮았으나 역시 다른 종류다. 코요테는 하이에나와 재칼의 생활을 모두 닮은 육식 동물이다. 재칼은 북아메리카에 있는데 아프리카에서 이와 비슷한 생활을 하고 있는 것은 리카온이다.

아메리카 초원과 아프리카 초원에서 사는 동물이 서로 닮았으면서도 종류가 다른 것은 과연 기후의 차이, 식물의 차이에서 생긴 것일까? 실은 그렇지가 않다.

　그것은 동물들의 역사에 의한 것이다. 또 육지가 갈라지고 하는 지각의 변동에도 관계가 있다. 즉 이러한 자연계의 역사에 따라 한 동물이 온 세계에 퍼지려 해도 퍼질 수가 없었던 것이다.

◀ 초원에서 풀을 뜯는
아메리카들소

◀ 사바나에 사는 아프
리카물소 떼

# 먹이로 연결되는 동물의 세계

## ● 먹고 먹히는 먹이 사슬

지금까지 여러 동물들의 생활을 먹이와 그에 관계된 환경을 중심으로 관찰해 왔다.

풀이나 나뭇잎을 먹는 짐승, 벌레를 잘 먹는 동물, 먹이 동물을 쓰러뜨려 그 고기를 먹는 맹수, 그리고 같은 육식 동물, 또는 초식 동물의 무리에서도 종류에 따라 먹이가 다르다. 동물의 먹이와 그 먹는 법은 실로 다양하고 복잡하다.

그런데 자세히 관찰하면 먹는 데 어떤 법칙이 있다는 것을 쉽게 알 수 있다.

여러분은 지금까지의 이야기로 동물의 먹이는 모두 '생물'이라는 것을 깨달았을 것이다. 포유류에서 아메바에 이르기까지 새, 도마뱀, 곤충, 물고기, 조개 등 동물은 주로 생물인 식물이나 다른 동물을 먹고 있는 것이다.

이것은 즉 동물들은 먹는 것에 의하여 서로가 연결되어 있다는 것이 된다. 그러면 도대체 어떻게 연결되어 있는 것일까?

식물을 먹는 곤충 등은 그것을 먹는 곤충이나 새에게 먹히고, 그 새나 곤충은 살쾡이나 사향고양이류에게 먹힌다. 살쾡이류는 더 큰 표범 등에 먹히고, 표범은 또 사자에게 먹힌다.

백수의 왕인 사자는 무서운 것이 없는 왕초지만, 그 사자까지도 새끼 때는 하이에나나 표범에게 먹히고, 늙어서 체력이 약해진 사자는 리카온이나 하이에나의 먹이가 된다. 먹히지 않고 자연사를 했다 해도 그 시체는 독수리가 쪼아 먹고 다시

🔺 **먹이 사슬**—동물은 먹이에 의해 서로가 긴밀히 연결되어 있다.

🔺 **누를 잡아먹고 있는 사자 가족**—먹이 피라미드는 위로 올라갈수록 몸집이 크다. 그러나 사자는 자신보다 큰 동물을 공격한다.

곤충이나 미생물 등에 의해 먹혀 버린다.

이와 같이 동물들은 '먹고 먹히는' 눈에 안 보이는 쇠사슬로 서로가 연결되어 있는 것이다. 이 연결을 '먹이 사슬'이라고 한다.

이런 만화가 있었다. 어떤 사람이 낚시질을 하는 데 작은 고기가 먹이를 덥석 물었다. 그러자 다음에는 그 고기를 먹이로 하는 큰 고기가 작은 고기를 물었다. 이렇게 하여 차례로 고기가 물려 마지막에는 굉장히 큰 고기가 걸리는 만화다.

자연계에서는 이처럼 직선적이지는 않지만 아무튼 이러한 관계가 성립되어 있는 것만은 분명하다.

## ● 식물의 역할

그런데 이 만화에서는 맨 처음에, 인간이 낚시에 미끼를 달았지만 자연계에서는 시초가 어떠했을까? 이 미끼에 해당하는 먹이의 큰 근원은 무엇일까?

바다에는 플랑크톤이라고 불리는 새우나 게 등의 어린 것(유생)이 많이 있는데, 이 동물 플랑크톤도 무언가 생물을 먹고 있을 것이다. 동물은 생물을 먹는 것이니까 말이다.

이러한 작은 동물이 먹는 것은 규조 등의 식물 플랑크톤이다. '먹고 먹히는' 관계에서 먹히는 쪽을 따져 보면 반드시 식물이 된다. 먹이의 근원은 식물인 것이다. 그래서 식물을 먹이 사슬의 생산자라고 말한다.

식물 플랑크톤은 민물에도 있어 거기에 사는 동물들의 식물 먹이 사슬의 기초가 되고 있다. 육상의 식물 먹이 사슬의

🔴 식물은 양분을 스스로 만들어 내는 생산자로서 먹이 사슬의 시작이 된다.

근원을 살펴보면 모두 풀이나 나무, 즉 식물에 이르게 된다. 동물의 먹이를 조사해 보면 결국은 식물이나 초식 동물이 근원이 되어 있다. 그러므로 근원은 식물인 것이다.

## ● 영양을 만들어 내는 식물

그러면 식물은 무엇을 먹는 것일까? '뿌리에서 영양분을 섭취하고 있다' 얼핏 그렇게 생각하게 된다. 물론 뿌리에서 섭취하는 것도 있다. 물과 식물의 몸체를 만드는 양분이다. 그렇지만 우리들의 먹이가 되는 것, 즉 에너지의 근원이 되는 영양분은 다른 방법으로 섭취하고 있다.

식물은 동물처럼 먹이를 먹어서 영양을 섭취하는 것이 아니고 자기 몸 속에서 자기의 힘으로 영양분 즉 먹이를 만들어 내고 있는 것이다.

🔴 식물은 녹말 상태로 영양을 저장한다. 벼는 열매에 녹말을 저장하고 인간들은 그것을 십취한다.

🔺 식물은 햇빛을 이용하여 잎에서 녹말 같은 영양을 만들 수 있다.

　그러나 먹이를 만든다고 해도 그 근원이 없어서는 안 된다. 그 근원은 물과 빛과 이산화탄소(탄산가스)다. 즉 공기 중의 이산화탄소와 땅 속에서 빨아올린 물을 원료로 하고, 잎에서 받은 빛을 이용하여 전분이나 당분을 만드는 것이다. 이 작용을 광합성이라고 한다.

　또 식물의 봄체를 만드는 단백질은 질소에서 합성하는데, 이 질소는 칼륨·마그네슘 능과 함께 땅 속에서 뿌리로 빨아올린다.

　이러한 영양분은 몸 속에서 낮은 온도로 연소되어, 살아가는 데 필요한 여러 가지 활동의 에너지가 된다. 그 구조는 동물도 식물도 거의 비슷하여 전분이나 지방 등을 산소의 작용으로 변화시켜 에너지를 내게 한다.

　그 때문에 몸 속으로 산소를 끌어들이는 것이 호흡이다.

동물도 식물도 산소를 빨아들이고 이산화탄소를 뱉기 위해 호흡을 하는 것이다.

## ● 식물과 동물의 인연

식물은 언제나 동물에게 먹히기만 하여 마치 동물을 위해서만 살아 있는 것같이 보이지만 사실은 그렇지 않다. 식물도 동물이 없으면 곤란할 때가 있다.

첫째, 동물이 숨을 쉬면서 이산화탄소를 뱉아 주지 않으면 전분의 원료가 되는 이산화탄소가 부족하게 되어 곤란하게 된다.

그 다음, 동물의 시체를 박테리아 등의 미생물이 분해하여 흙 속에 양분을 만들어 주지 않으면 식물은 살아갈 수가 없게 된다.

🔺 생산자에 속하는 풀—풀은 1차 소비자인 곤충보다 훨씬 많아야 한다.

🔺 낙엽은 땅 속에 살고 있는 여러 가지 미생물에 의해 분해되어 흙으로 변화한다.

또, 미생물도 동물이나 식물이 없으면 곤란하게 된다. 분해한다는 것은 미생물이 동식물의 시체를 먹는 것을 뜻한다. 박테리아나 세균 등의 미생물도 생물을 먹고 생활하는 것이다.

이렇게 보면 생물계에서 식물은 생산자이며 동물은 소비자라는 것을 알게 된다. 그리고 미생물은 분해자가 된다.

생물의 세계는 이와 같이 식물과 동물과 미생물이 서로 관계를 가지며 만들어 내고 있다는 것을 알 수 있다. 그 근원이 되는 물질은 식물이 만들고 있는 것이다.

식물이 만들어 내는 물질 중에서 탄소나 질소 같은 것은 '식물—동물—미생물' 사이를 빙빙 돌고 있다. 또 식물의 영양분을 만들어 내는 광합성은 빛에너지에 의해서 행해진다. 그러므로 생명 활동의 근원은 태양에서 오는 빛에너지라고도 말할 수 있다.

## ● 생태계에서의 물질 이동

집에서 화초를 가꾸거나 밭에서 채소를 키울 때, 두엄을 주면 식물이 훨씬 잘 자라는 것을 볼 수 있다. 두엄 속에 있던 양분을 식물이 흡수하여 식물이 자라는 데 이용하기 때문이다.

두엄은 낙엽이나 풀 또는 동물의 배설물 등을 썩여서 만든다. 자연 생태계에서 죽은 생물체들은 곰팡이와 세균 등의 미생물에 의해 분해되고, 분해된 물질은 식물체에 흡수된다.

식물의 몸을 이루고 있는 물질은 동물에 먹힘으로써 동물로 이동하거나, 죽은 후 분해자에 의해서 분해되어 자연 환경으로 되돌아간다.

한편, 동물의 몸을 이루고 있는 물질은 먹이사슬을 따라 이동하며, 동물이 죽으면 분해자에 의해 분해되어 자연 환경으로 되돌아간다.

죽은 식물과 동물이 분해되어 생겨난 물질은 다시 식물이 자라는 데 이용된다.

이와 같이 생태계에서 물질은 끊임없이 생산자, 소비자, 분해자, 자연 환경 사이를 돌면서 이동한다.

# 3

# 동물의 하루 생활과 일생

# 코끼리의 하루

## ● 하루 종일 먹고 있다

동물원에 가서 코끼리를 잘 관찰해 보면 대개의 관객이 코끼리에게 먹이를 던져 준다. 코끼리는 그것을 코로 집어서 입에 넣고 또 집는다. 먹이를 안 주면 재촉이라도 하듯이 코를 말아올리기도 한다.

이와 같이 동물원의 코끼리는 쉴새없이 먹고 있는데, 이 밖에도 동물원에서 주는 먹이를 따로 먹고 있다.

동물원에서는 체중이 3,790킬로그램인 암코끼리에게 하루에 볏짚 15킬로그램, 마른 풀 30킬로그램, 고구마 10킬로그램,

🔻 코끼리는 덩치가 큰 대식가로 풀이나 나뭇가지까지 모두 먹어 버린다.

🔺 코끼리 떼가 지나고 나면 울창한 숲도 평탄한 길이 되어 버린다.

비지 2킬로그램 정도를 먹이고 있다. 이것은 굉장한 분량이다.

야생의 코끼리도 하루 종일 먹고 있다. 나뭇잎을 작은 가지째로 꺾어서 먹거나 나무 열매를 주워 먹는다. 또 나무의 연한 뿌리도 먹는다. 여러 가지 풀이나 뿌리도 먹고 덩굴풀도 먹는다. 동물원의 먹이처럼 영양이 많은 사료가 아니므로 하루에 100킬로그램 이상을 먹는다.

코끼리가 식물이라면 인간이 지은 농작물이나 과일까지 무엇이든 먹는다고 해도 좋을 것이다. 동물원에서 통나무를 갉아먹은 일도 있다.

코끼리는 떼를 지어 산다. 그래서 코끼리 떼가 먹은 자리는 마치 태풍이 지나간 자리처럼 초목이 황폐하게 된다.

코끼리는 대식가다. 그 큰 몸집으로 돌아다니니까 배도 고플 것이다. 코끼리의 생활은 먹이를 찾아 입에 넣는 일과, 그 일을 위해 돌아다니는 것이라고 말할 정도다. 돌아다니는 것까지 합하면 하루에 16시간을 먹기 위해서 소비한다고 한다.

## ● 잠자는 일과 목욕

코끼리도 잠은 잔다. 깊이 잠들 때는 몸을 옆으로 눕히고 잔다. 꾸벅꾸벅 졸 때는 선 채로 존다.

코끼리는 하루 중에 가장 더운 낮과 밤중에 잠을 잔다. 낮잠은 선 채로 30분에서 한 시간 가량 자고, 밤중의 수면은 대개 몸을 옆으로 눕히고 두 시간이나 두시간 반 가량 잔다. 하루에 모두 합쳐서 세 시간 가량을 자는 셈이다.

이 밖에 코끼리의 생활에서 중요한 것은 목욕이다. 코끼리는 하루에 한 번 이상 물을 마시는데, 마시기만 하는 것이 아니라

🔺 코끼리가 몸에 물을 뿌리는 것은 체온 조절과 몸을 깨끗이 하기 위해서이다.

🔺 코끼리가 진흙 목욕을 하거나 모래 샤워를 하는 것은 태양으로부터 몸을 보호하고 진드기나 벌레를 떼어 내기 위해서이다.

목욕도 한다. 코끼리가 화났을 때는 목욕을 시키면 가라앉는다고 말할 정도로 목욕을 좋아한다.

목욕을 할 때 코끼리들은 서로 부딪치거나 밀어 제치며 장난을 친다. 나이 많은 코끼리는 성미가 까다로워 평소에는 거의 소리를 내지 않는데, 목욕을 할 때는 늙은 수컷도 장난치는 시늉을 한다.

코끼리의 목욕은 우리들이 목욕탕에 들어가는 것과 같아서 피부를 자극하여 혈액 순환을 좋게 하는 것이다.

새끼코끼리는 아이들이 목욕을 싫어하듯이 자진해서 물을 끼얹지 않는다. 어미코끼리가 앞발 사이에 새끼코끼리를 끼고 코를 물뿌리개처럼 사용하여 물을 머리 위에서부터 뿌려 준다. 새끼코끼리는 끙끙하고 몸부림치지만 곧 기분이 좋아져서 물장난을 친다.

목욕을 좋아하는 코끼리에게 물이 없으면 큰 일이 아닐 수 없다. 코끼리는 강이 메말라도 지하로 물이 흐르고 있으면 태연하다. 그 긴 코로 물 냄새를 맡고 발과 코로 우물을 판다. 그리고 우물에서 나오는 물을 마시거나 코로 몸에다 뿌린다.

아프리카에서는 이렇게 코끼리가 파놓은 우물이 한창 가물 때 많은 동물들의 생명을 구해 주는 역할을 한다. 코끼리가 간 뒤에 다른 동물들이 물을 마실 수 있기 때문이다.

코끼리는 목욕 후에 진흙이나 모래를 몸에 잔뜩 묻힌다. 그것이 말랐을 때 쓸어 버리면 몸에 붙어 있던 기생충도 함께 떨어져 나간다. 또, 마른 모래나 흙을 머리에서부터 덮어쓸 때가 있다. 이것 역시 기생충을 털어 버리기 위한 행동으로, 새가 흔히 하는 모래 덮어쓰기와 비슷하다.

## ● 없어서는 안 될 긴 코

코끼리와 같이 큰 몸을 움직이는 데는 대단한 힘이 필요하다. 그렇기 때문에 많은 먹이를 섭취해야 하지만 먹기 위해서 움직이면 그만큼 또 배가 고프게 되니까 마음처럼 쉬운 일은 아니다.

그러므로 코끼리와 같이 몸집이 큰 동물은 될 수 있는 한 몸을 움직이지 않고 많은 먹이를 구하지 않으면 곤란하게 된다. 코끼리의 코는 이러한 점에서 아주 편리한 역할을 해 준다.

코끼리는 코를 교묘하게 사용한다. 풀을 먹을 때 긴 코를 뻗어, 코끝으로 풀을 한 묶음 움켜 뜯어서 입으로 가져간다. 일일이 무릎을 꿇지 않아도 그것으로 충분하다.

또, 긴 코를 뻗어 높은 나뭇가지를 꺾어 작은 가지째 잎을

🔴 코끼리는 먹은 음식의 40퍼센트만 소화시킬 수 있으므로 큰 몸을 유지하려면 많이 먹어야 한다.

먹을 수도 있다. 죽순을 뽑아 낼 수도 있다. 긴 코가 없었다면 코끼리는 지금처럼 큰 몸집을 지니지 못했을 것이다.

코끼리는 초식 동물인데 만약 육식 동물이었다면 이렇게 많이 먹지 않아도 될 것 같다. 왜냐 하면 초식 동물과 육식 동물의 체중과 먹이의 분량을 비교하면 육식 동물이 훨씬 적기 때문이다.

만약 코끼리기 육식이어서 체중과 먹이의 비율이 사자와 같다 하면 코끼리의 체중은 사자의 약 20배이니까, 많다 해도 하루에 60~80킬로그램의 먹이면 충분할 것이다.

그렇다면 육식을 하는 편이 좋으냐 하면 반드시 그렇지만도 않다. 첫째 식물은 어디에나 많이 있어 쉽게 구할 수 있고, 풀이나 나무는 초식 동물이 다가와도 도망을 안 가지만, 육식이라면 먹이 동물을 사냥하지 않고는 먹을 수가 없다.

🔺 코끼리는 긴 코로 먹이를 먹거나 인사도 나누고, 나무를 들어 올리기도 한다.

한편 초식의 경우는 소화시키는 데 시간이 오래 걸린다. 초식 동물이 풀을 잘 씹는 튼튼한 이빨을 가지고 있고, 창자가 긴 것은 그 때문이다. 긴 창자를 수용하는 데는 큰 몸집이 필요하게 된다.

식물이 무성한 곳을 돌아다니려면 긴 다리로 걸어다니든가 작은 몸집으로 빠져 다니든가 아니면 크고 무거운 몸집으로 짓밟거나 해야 한다. 멧돼지나 맥은 몸의 형태가 쐐기형이어서 숲을 잘 빠져 다닐 수 있고, 코끼리나 코뿔소는 피부가 두터운데다 몸이 크고 무거워 숲을 짓밟으며 걸어다닌다.

앞에서도 말했듯이 몸집이 크면 많이 움직이지 않고도 먹이를 얻을 수 있어야 한다. 코끼리나 코뿔소가 식물이 많은 열대 지방에 있는 것도 그러한 이유 때문이다.

동물들의 생활을 상세하게 관찰해 보면 교묘하게 자연과 조화를 이루고 있다는 사실에 놀라게 된다.

지금까지 이야기했듯이, 코끼리의 하루는 먹는 일을 중심으로 수면과 목욕으로 지내는 것이 전부이다. 이러한 일은 살기 위해서 자신의 몸을 보전하는 작용이라 할 수 있다. 그리고 이러한 생활이 매일매일 반복되고 있는 것이다.

🔺 코끼리의 하루는 먹는 일을 중심으로 수면과 목욕으로 이루어진다.

# 코끼리의 일생

## ● 코끼리의 한평생

동물의 생애는 종류에 따라 다르지만, 어떤 동물이든 모두 어버이에게서 태어난 새끼가 커서 어른이 되어 새끼를 낳고 마침내 죽어간다.

하루 종일 먹는 것에 쫓기는 동물도 계절이 오면 새끼를 낳아 키우고, 그 계절이 지나가면 또다시 먹이를 찾는 일상이 계속된다. 동물은 모두가 먹고 번식하고 죽어가는 것이다.

코끼리 새끼는 20개월 이상이나 어미의 뱃속에서 큰 다음 태어난다. 갓 낳았을 때는 어깨까지의 키가 90센티미터 정도며

🔻 코끼리 새끼는 태어난 지 몇 시간 후면 일어서고 2~3일이면 어미를 따라 걸어간다.

체중은 100킬로그램 정도다.

갓 태어난 새끼코끼리는 아프리카코끼리나 인도코끼리나 비슷하여, 그 차이를 잘 알 수가 없다. 코끼리 새끼는 어미와 달리 몸에 털이 많고 코도 짧다.

새끼코끼리는 태어나서 몇 시간 후면 일어서고 2, 3일이 되면 어미의 뒤를 따르기 시작한다. 젖은 입으로 빤다. 아프리카코끼리의 새끼는 흔히 어미코끼리의 꼬리에 코를 휘감고 매어 달리듯이 걸어간다. '손에 손을 잡고'가 아니라 '꼬리에 코를 걸고'라고 하겠다.

새끼코끼리 때는 '큰 개'라고 일컬을 정도로 긴 코를 휘두르며 나비를 쫓아다니기도 하며 잘 논다.

두 살에서 네 살 정도가 되면 젖을 먹지 않게 된다. 그 뒤로 12세 정도까지 어미 곁에 있든가, 아니면 무리 속에서 지낸다.

12세가 되면 어른의 3분의 2 정도 크기로 성장하고, 그 뒤에도 성장은 하나 25세 정도에서 성장은 끝난다.

수컷은 12세 가량이 되면 암컷에게 쫓겨나는지, 아니면 다른 수컷에 의해 쫓겨나는지는 몰라도 그 무리를 떠나게 된다. 그리고 혼자서, 아니면 두세 마리씩 떠돌며 다닌다. 그러나 젊은 암컷은 그대로 무리 속에 남아 있다.

## ● 결혼과 무리의 분열

무리에 남아 있는 암컷은 죽을 때까지 새끼를 낳는다. 수컷도 원기가 있는 동안은 다른 수컷을 물리치고 암컷과 결혼을 한다. 한 마리의 암컷뿐이 아니라 몇 마리의 암컷과도 결혼하는 것 같다.

🔺 교미하는 코끼리—임신하면 암컷은 수컷과 헤어져 무리로 돌아온다.

● 수코끼리들이 암컷을 차지하기 위해 엄니를 맞대고 싸우고 있다.

　암컷은 결혼하여 새끼를 배면 수컷과 헤어져서 무리로 되돌아와 마침내 새끼를 낳는다. 암컷은 젊었을 때 2~3년에 한 번씩 분만하고, 차츰 나이를 먹음에 따라 4~5년에 한 번씩 그 횟수가 줄어든다. 새끼는 한 번에 한 마리씩 태어난다.

　코끼리의 결혼 시기는 1년 중 어느 때인지는 확실치 않다. 비가 많이 내리는 계절에 새끼를 낳는 일이 많으나 그 밖의 계절에도 분만하는 때가 있다. 열대의 짐승은 이처럼 새끼를 낳는 계절이 정해지지 않은 것이 많은 모양이나.

　수컷끼리는 암컷을 빼앗기 위해 싸움을 벌인다. 이 때문에 싸움에 진 편은 대개는 도망을 가지만 생명을 잃을 때도 있다. 이빨로 찌르고 코로 조이며 싸운다.

　코끼리는 코로 신호를 한다. 귀를 펼치고 코를 위로 올리고

🔺 코끼리는 무리지어 살아간다. 한가운데에 암코끼리와 새끼코끼리가 있고 그 둘레를 젊은 코끼리들이 감싸고 있다.

머리를 쳐들면서 꼬리를 빳빳이 세우는 것은 공격 신호이다.

수컷과 암컷이, 또는 어미와 새끼가 코를 맞대거나 코와 코를 걸기도 하는데 이것은 사이가 좋음을 나타내는 표시다. 코끼리는 부모와 자식 사이뿐만 아니라 같은 코끼리끼리는 비교적 사이가 좋은 편이다. 물론 싸움도 하지만 서로 도와 주기도 한다.

나이 많은 암코끼리는 무리의 지도자가 된다. 무리의 수가 너무 늘게 되면 일부가 헤어져서 다른 구역을 넓히면서 마침내는 완전히 다른 무리를 만드는 것으로 생각된다.

이와 같은 암컷과 새끼의 무리는 몇십 마리에서 50마리 정도가 기본인 것 같으나 때로는 이러한 무리의 몇 개가 모여 큰 무리를 이룰 때가 있다.

## ● 코끼리의 무덤

지금으로부터 300년쯤 전의 사람들은 코끼리가 몇백 년 장수하는 것으로 생각하고 있었다. 주름이 있는 얼굴과 몸집이 그렇게 생각하게 했던 모양이다.

그 뒤 아프리카의 사냥꾼이나 인도와 동남 아시아에 사는 코끼리 사육사들이 3대에 걸쳐 똑같은 코끼리와 살게 된 것을 알고, 그렇다면 코끼리는 아마도 150년쯤은 살 것이라고 말하게 되었다.

그런데 잘 조사해 보니 아프리카나 동남 아시아 사람들의 수명은 평균 30세 가량이라고 한다. 그렇다면 현재 장수한 코끼리도 70~80세 가량이라고 보여진다.

코끼리는 어딘가 모르게 신비스런 느낌을 주는 동물이다. 그 때문인지는 몰라도 코끼리는 시체를 보이지 않는다고 사람들은 말한다.

🔺 늙은 수코끼리는 무리와 떨어져 혼자 살아간다.

그래서 '죽을 때가 가까워진 코끼리는 홀로 무리로부터 떨어져 나와 어떤 비밀 장소에서 남모르게 죽는 것이 아닐까?' 하고 옛날 사람들은 생각했다.

이런 비밀 장소, 곧 코끼리의 무덤을 찾아 내려고 많은 사람들이 애썼지만 지금까지 발견되지 않았다. 만일 코끼리의 무덤을 찾을 수 있다면 많은 상아를 독차지할 수 있게 될 터이니 벼락 부자가 되었을 것이다.

그렇지만 코끼리의 무덤이 실제로 존재하지 않는다는 사실이 밝혀졌다. 그렇다면 코끼리의 주검은 도대체 어떻게 되는 것일까?

나이를 아주 많이 먹었거나 병이 들었거나 다쳐서 몸이 쇠약해져 무리와 함께 행동할 수 없게 된 코끼리는 홀로 조용한 숲 속이나 보통 때 잘 다니던 물터에 가서 죽어간다. 그래서 시체가 썩고 코끼리의 뼈는 무르기 때문에 곧 삭아 버려 흔적이 없어지는 것이다.

약 1만 년 전까지만 해도 사람들은 먹기 위해서 약간의 코끼리를 죽이는 정도에 불과했다 하지만 아시아코끼리는 그 당시부터 오늘날까지 인간에게 잡혀서 여러 용도로 사육되어 왔다. 농사짓기, 전쟁, 무거운 물건 나르기 등 이외에 인기 있는 구경거리로도 쓰여지고 있다.

오늘날에는 밀렵꾼의 총에 의해, 그리고 삼림의 벌채, 도로개설, 농경지 개간 등에 의해 코끼리의 서식지가 줄어들어 코끼리의 생존이 매우 위협당하고 있는 실정이다.

# 불곰의 4계절 생활

## ● 굴에서 지내는 겨울 생활

코끼리가 사는 열대 지방은 계절의 구별 없이 1년이 건기와 우기로 나뉜다. 그래서 코끼리의 생활도 건기와 우기에 따라 먹이를 찾는 행각을 변경시킬 정도다.

계절의 변화가 적은 곳에 살고 있는 동물의 생활은 결혼 시기(그것도 시기가 확실히 정해진 것은 아니지만) 이외는 1년 내내 별로 변화가 없다.

한편 4계절의 구분이 확실한 온대에 사는 동물은 1년 동안의 생활 변화가 어느 정도 확실하다. 예를 들면 곰이 그렇다.

🔺 코끼리들은 건기에는 먹이와 물을 찾아 무리지어 먼 여행을 떠난다.

🔺 곰은 겨울이 되기 전에 먹이를 많이 먹어 영양분을 몸에 저장한다.

곰의 무리는 세계 각지에 살고 있다. 열대 아시아에는 말레이곰이나 게으름뱅이곰 등이 있고, 극지에는 북극곰 등이 있는데 온대나 아한대에 많은 불곰을 예로 들어 1년간의 생활을 관찰하기로 하자.

가을이 되면 산에는 많은 나무 열매나 버섯 등이 돋아난다. 불곰은 그것을 먹는다. 열매가 잘 열리는 나무가 있으면 매일 그 곳에 가서 따 먹는다. 때로는 병든 사슴이나 새끼사슴을 습격해 잡아먹는 일도 있다.

이렇게 하여 먹을 수 있는 한도까지 잔뜩 먹어, 지방이 몸에 축적되어 배가 땅에 닿을 정도가 되면, 적당한 굴을 찾아 들어가 겨울을 난다. 그 때 암놈은 새끼를 낳게 된다. 전년에 태어난 새끼는 어미곰과 함께 굴에서 산다. 그러나 먹이를 충분히 먹지 못한 불곰은 겨울에도 먹이를 찾아다니게 된다.

　　새끼를 밴 암컷은 굴 속에서 1월이나 2월에 한 마리 또는 두 마리, 때로는 세 마리의 새끼를 낳는다. 새끼는 거의 반년 가량 어미의 뱃속에 있다.

　　동면을 하는 동안 어미곰은 아무것도 먹지 않는데, 새끼곰에게는 젖을 먹인다. 앞발로 새끼곰을 끌어안고 더운 입김을 후후 불어 준다고 한다.

　　불곰의 새끼는 매우 작아서 무게가 300그램 정도다. 큰 것이라 해도 600그램 정도여서 어미곰 체중의 500분의 1도 못되는 셈이다. 게다가 털도 성글고 눈도 감은 채로 있다.

◀ 북극곰이 눈구덩이에서
　 새끼와 추위를 피하고
　 있다.

▶ 굴 앞에 서 있는 곰

🔺 먹이를 먹기 위해 어미곰을 따라가는 새끼곰

## ● 봄에서 가을까지의 생활

불곰의 새끼는 어미곰의 젖을 먹고 무럭무럭 자란다. 3~4월 봄이 되면 굴에서 나오는데, 이 무렵이 되면 털도 나고 강아지처럼 재롱도 부린다. 흔히 곰이 씨름을 한다고 하는 것은 이 장난 때문이다.

굴에서 나올 무렵, 새끼곰의 체중은 태어났을 때의 10배 이상으로 불어난다. 그 대신 굴에서 갓 나온 어미곰의 몸은 극도로 쇠약해져 있다. 그럴 수밖에 없는 것이 겨우내 먹지 않고 새끼곰에게 젖을 주었으니 말이다. 또 오랜 굴 속 생활을 하느라 발바닥도 약해져서 걸으면 아파할 정도가 된다.

그러면서도 근처에 있는 어린 풀 등을 먹어 뱃속을 채우면, 어미곰은 새끼곰을 거느리고 다닌다. 풀의 새싹이나 뿌리, 그리고 강기슭에서 발견한 게 등을 먹는다.

여름이 되면, 새끼곰도 젖을 떼고 여러 가지 먹이를 먹게 된다. 벌꿀을 찾아 먹거나, 나무 열매를 주워 먹는다. 그 밖에 다람쥐나 쥐의 땅굴을 파서 먹든가, 냇물을 거슬러 오르는 연어를 잡아먹기도 한다.

옛날부터 곰이 연어를 잡으면 대꼬챙이에 끼어서 둘러메고 간다는 말이 있고, 또 그 모습을 그린 그림도 있지만 그것은 사실이 아니다.

곰은 먹지 못할 만큼 연어를 많이 잡으면 머리를 깨물어만 놓고 내버리는 일이 종종 있다.

가을이면 불곰은 주로 나무 열매를 먹는다. 불곰은 그다지 민첩하지는 못하나, 사슴 같은 것을 만나면 습격해서 죽인다. 단거리를 달릴 때는 빠르고, 앞발로 상대로 때려 죽인다.

불곰은 잡식 동물이다. 짐승의 시체를 발견하면 그것도 먹

🔺 강가에서 알래스카 불곰이 연어를 잡아먹고 있다.

는다. 그러니까 불곰을 만나면 죽은 시늉을 하면 무사하다는 것도 큰 잘못이다.


## ● 일생은 1년의 반복이다

마침내 겨울이 다가오면 1년 전에 태어난 새끼곰은 체중도 10킬로그램을 넘고 젖도 먹지 않지만, 어미곰과 함께 굴에서 겨울을 난다. 다음 해 봄에도 어미곰과 함께 먹이를 찾는다.

새끼곰이 제대로 성장하지 못했을 때는 또 한 겨울을 어미곰과 함께 지내는 일도 있으나 대개의 경우는 여름이 끝날 무렵, 어미곰이 수컷과 결혼할 때가 되면 쫓겨나서 독립을 하게 된다.

암곰은 결혼 싸움에서 승리한 수컷과 결혼하는데, 그 해 가을에는 헤어져서 암곰 혼자서 굴에 들어가 새끼를 낳아 키운다.

붉곰의 암컷은 세 살에서 다섯 살이 되면 비로소 새끼를 낳을 수 있게 된다. 그리고 젊었을 때는 2, 3년마다, 나이가 들면 4, 5년마다 새끼를 낳게 된다.

수컷은 조금 늦게 아버지가 되는데, 이것은 너무 젊었을 때는 수컷끼리의 싸움에 이기지 못하기 때문이다.

붉곰은 사육하는 것은 50년 가량 살지만 야생의 붉곰은 수명이 30년에서 35년 정도인 것 같다. 그 동안 이와 같은 1년을 반복하며 생활하는 것이다.

🔺 짝짓기를 한 암곰은 가을에 굴에 들어가 혼자 새끼를 낳고 키운다.

## ● 곰의 종류와 분포 지역

곰의 몸빛깔은 온몸이 거의 단색으로 검은색·갈색·회색 또는 흰색을 띠고 있으며, 목 또는 앞가슴에 흰띠가 있는 종류도 있다.

유라시아 대륙·북아프리카·남북아메리카와 같이 북극권에서부터 열대까지 넓은 지역에 걸쳐 분포하고 있다.

새끼를 기르는 시기나 번식기를 제외하면 곰은 언제나 단독으로 살아가고 있으며 행동은 느리지만 달리기도 하고 헤엄치기도 하고 나무타기 등도 하면서 생활한다.

온대나 열대 등 온난 지역에 분포하는 종류는 주로 밤에 활동하고, 한랭한 지역에 분포하는 종류는 주로 낮에 활동하는 경향이 있다.

물 속에 들어가서 물고기나 바다표범 같은 동물성 먹이를 잡아먹는 북극곰 이외에 풀·나뭇잎·뿌리·과실·개미·꿀벌·곤충·물고기·포유류 등 잡식성 먹이를 먹는 종류도 있다.

반달가슴곰과 같이 식물성 먹이를 먹는 종류도 있는데, 보통 동물성 먹이를 먹는 종류는 성질이 공격적이며 시력은 좋지 않지만 후각이나 청각 등이 예민하다.

추운 지방에 사는 곰들은 완전한 동면(冬眠)은 아니지만 바위 구멍이나 나무 구멍 등에서 겨울을 지낸다.

# 4

# 변하는 생물의 세계

# 기린의 목은 왜 길까?

## ● 목의 길이는 2미터

기린의 목은 처음부터 그렇게 길었을까? 나는 이런 질문을 가끔 듣는다.

기린은 매우 긴 목을 지니고 있다. 게다가 긴 목이 매우 불안정한 모습으로 네 개의 긴 다리 위에 붙어 있다. 몸통이 짧아서 보기 흉하다.

얼룩말이나 보통 말은 목이 길고 다리도 길지만, 몸통도 길어서 보기에 근사한 스타일이다. 거기에 비하면 기린은 이상하리만큼 목이 길어서, 어째서 이렇게 목이 길어야 하는지

● 기린은 열대 초원 지대에 사는 초식 동물로 목이 매우 길다.

🔺 기린은 앞발에 무게를 두고 긴 다리로 땅을 차며 빠른 속도로 달린다.

이상할 정도다.

그렇지만 기린의 생활을 잘 관찰해 보면, 그 긴 목은 기린에게는 거추장스러운 것이 아닌 것 같다.

기린은 큰 짐승이다. 큰 수컷은 어깨까지 3.7미터, 목의 길이는 2미터 정도니까 머리까지의 높이는 6미터 가까이 된다. 몸무게는 수컷이 1800킬로그램이나 되는 것이 있고, 암컷은 550킬로그램 정도다. 그러니까 말보다 훨씬 큰 동물이다.

기린은 달릴 때, 그 무게를 거의 앞발에다 건다. 그렇지만 결코 느리지 않아서 가장 빠를 때는 시속 55킬로미터나 된다.

기린은 목이 길어도 이만큼 빨리 달릴 수 있으니까 보기 흉한 것은 아니다. 만약 정말로 보기 흉하다면 몸의 균형이 안 잡혀 그렇게 빨리 달릴 수가 없을 것이다.

## ● 길기 때문에 먹을 수 있다

기린은 목이 길기 때문에 이익을 보는 수도 있다. 목 위에 머리가 붙어 있어 사방을 잘 볼 수가 있다. 그리고 기린은 눈이 밝은 동물이다. 튀어나온 눈이지만 눈동자가 옆으로 길게 열려 있어 단번에 널리 전망할 수가 있다.

기린이 소방대의 망루처럼 파수를 보아 주니까 근처에 있는 얼룩말이나 영양류는 기린의 동정에 주의하고 있다고 한다. 기린이 적을 발견하고 도망치면 함께 도망가기 위해서다.

그러나 기린의 목이 긴 것은 이러한 파수꾼의 역할 때문이 아니다. 그것보다는 더욱 중요한 일이 있다.

🔺 기린은 목이 길어 높은 곳의 나뭇잎이나 싹을 먹을 수 있고 적이 오는 것을 재빨리 발견할 수 있다.

🔺 기린은 긴 혀를 내밀어 나뭇잎을 따 먹는다.

그것은 목이 길어야 주식인 아카시아 등의 잎이나 싹을 먹을 수 있기 때문이다. 기린은 긴 혀로 높은 곳에 있는 나뭇잎이나 싹을 따 먹고 생활한다.

나는 초등 학생 때, 일요일마다 동물원에 다닌 적이 있다. 어느 땐가 기린의 우리 옆에 서 있는데, 위에서 목이 뻗는가 했더니 어느 틈에 기린이 내 손을 훑았다. 그 거무스름한 혀와 이상하게 끈적거리던 감각이 지금도 잊히지 않는다.

기린의 혀는 길이가 50센티미터나 된다. 그것을 마치 굵은 끈처럼 길게 뻗어, 나뭇가지에 걸고 잎이나 싹을 훑어먹는다. 그 힘은 뜻밖에 강하다.

기린이 사는 아프리카의 초원 지대나 깊지 않은 숲에 가면 아카시아나무가 무성하다. 옆으로 뻗어 있는 높이가 6~7미터 정도 되는데, 이것은 기린이 목을 쳐들고 혀를 내밀면 닿기에 알맞은 정도의 높이다.

이런 점을 볼 때, 기린의 목은 사바나 지대에서 나뭇잎을 먹는 생활에 편리하게 되어 있는 것이다.

## ● 길어서 곤란한 일

기린의 긴 목은 모든 점에서 편리한 것만은 아니다. 물을 마실 때는 일일이 머리를 숙여야 하며, 긴 목을 굽혀도 밑에까지 닿지 않으므로 앞다리를 옆으로 한껏 벌려야 한다. 이런 부자유스런 자세 때문에, 적의 습격을 받으면 꼼짝 못하게 된다.

긴 목 끝에 머리가 있으므로 기린의 머리에 혈액을 순환시키는 일도 큰 일이다. 그 때문에 특별한 구조로 되어 있다.

기린은 반추(새김질)를 하는데, 긴 목 속의 식도를 통하여 음식물이 오르내린다. 동물원 사육사의 말을 들으면 꾸르륵꾸르륵 소리가 나면서 새김질할 음식이 목구멍으로 다시 올라가는 소리가 들린다고 한다.

그런데 사람들은 기린의 목뼈의 마디 수와 인간의 목뼈의 마디 수는 어느 쪽이 많다고 생각할까? 기린의 목은 기니까 많은 마디뼈가 있을 것으로 생각할 것이다.

그런데 그렇지가 않다. 우리들 인간의 목뼈와 마찬가지로 기린도 7개뿐이다. 그 대신 마디뼈의 하나하나가 길게 되어 있다. 목뼈의 마디 수는 멧돼지같이 목이 짧은 짐승도 7개이며, 극히 적은 예외를 제외하고는 모두 똑같다.

🔴 기린은 앞다리를 양쪽으로 쭉 벌리고 물을 먹는다.

## ● 기린의 조상과 닮은 오카피

흔히들 오카피는 살아 있는 화석이라고 한다. 오카피는 적도 바로 밑인 콩고의 동북부에 있는 이트리 삼림이라는 곳에만 살고 있으며, 보라색에 가까운 다색 몸체에 노란 빛이 도는 흰 무늬가 있다. 그것은 어두운 밀림 속에서는 좀처럼 눈에 뜨이지 않는다.

오카피는 20세기까지 세계에 알려지지 않은 동물이었다. 콩고의 밀림 속에 사는 소인족인 피그미족만이 사냥의 대상으로 하고 있던 환상의 동물이었던 것이다.

그것이 실재한다고 알려진 다음에도, 처음에는 얼룩말의 일종이거나 옛날에 숲에서 살던 말의 일종이 살아 남은 것으로 여겨졌다. 가죽만을 볼 수 있었을 뿐이고, 피그미족의 말을 들

● 기린의 조상과 닮은 오카피—아프리카 콩고의 이트리 지방에 사는 희귀한 동물로 '살아 있는 화석' 이라고 한다.

오카피는 목이 길고 윗입술은 길게 늘어나서 잘 움직이며 혀는 길어서 35센티미터나 된다.

어 보면 말과 비슷한 동물로 생각되었기 때문이다.

나중에 뼈 등이 발견되어 잘 조사해 본즉, 오카피는 기린의 종류였다. 아주 옛날에 아프리카나 인도 등에 있던 파레오트라구스와 시바텔륨 등으로 불리우는 기린의 조상과 꼭 닮은 것이다. 그래서 '살아 있는 화석'이라고 일컫는다.


## ● 목이 긴 것이 살아 남았다

오카피는 기린만큼 목이 길지 않다. 목의 길이는 큰 밀과 비슷한 정도이며, 수컷에만 뿔이 있다. 혀는 길게 뻗어서 기린과 같은 방법으로 사용한다.

기린의 조상인 짐승도 오카피와 비슷한 생활을 했음이 틀림없다. 화석에서 조사해 보면 옛날 기린의 조상은 지금처럼 목이

● 기린의 긴 목은 먹는 데 편리한 몸매를 가졌다.

길지 않았다. 그것이 차츰 커진 것은 나뭇잎을 뜯어 먹는 생활을 하는 동안 조금이라도 목이 긴 것이 더 많이 살아 남은 것 같다. 그 쪽이 더 많은 먹이를 차지할 수 있기 때문이다. 같은 생활을 하는 패들끼리 경쟁이 있었는지도 모른다. 하여간에 이렇게 하여 사바나의 아카시아 잎을 먹는 짐승으로는 목이 긴 기린만이 남게 되었다.

동물의 세계를 살펴보면 기린만이 아니라 모두가 먹는 일에 적합한 몸매를 지니고 있다.

코끼리의 긴 코도, 흰코뿔소의 크고 긴 얼굴도, 하마의 큰 입과 탱크와 같은 몸집도 모두 먹기 위한 생활에 적합한 몸매인 것이다.

우리들이 짐승을 보고 '퍽도 보기 흉하다'고 생각하는 것은 인간 중심으로 생각하기 때문이며, 각각의 동물들에게는 아주 편리한 몸매인 것이다.

## ● 진화 이야기

우리들이 지금 보고 있는 동물들은 지금으로부터 수십억 년 전 옛날에 태어난, 극히 간단한 구조의 원시 생물이 조금씩 변해 온 것에 불과하다. 그리고 현재와 같이 150만 종이나 되었다.

이들 150만 종(학자에 따라 수가 다르다)의 동물은 150만 가지의 생활을 하고 있는 것이다.

생물의 신체 구조가 간단한 것으로부터 복잡한 구조로 변화해 가는 것을 '진화'라고 말하며, 현재 볼 수 있는 생물은 모두 이 진화를 반복해 온 것이다. 그리고 앞으로도 진화는 쉬지 않고 계속된다.

한편 현재 생활에 적합하지 않은 것이나 소용없는 것은 없어지게 된다. 이런 현상을 '퇴화'라고 하는데, 새로운 생활에

🔺 고래는 바다에 살게 되면서 앞다리는 지느러미로 변했으나 소용없게 된 뒷다리는 흔적만 남아 있다.

적응하기 위해 변한 것이니까 퇴화도 진화의 하나라고 생각되기도 한다.

고래의 몸 속에는 다리 뼈가 작게 남아 있다. 이것은 퇴화한 다리의 흔적이다. 또 손가락으로 매달려 다니는 원숭이는 나뭇가지를 꽉 잡지 않기 때문에 엄지손가락이 퇴화되어 있다.

## ● 진화는 후퇴할 수 없다

이와 같이 동물의 몸매는 자연 속에 살아가는 데 적합한 몸매로 차츰 변해 간다. 그렇지만 무엇이나 다 변하는 것은 아니다. 조상으로부터 이어받은 신체의 범위 내에서만 변할 수 있는 것이다. 더구나 특별히 발달한 곳은 갑자기 쓸모 없게

◐ 높은 나무의 나뭇잎을 먹는 기린— 동물의 몸매는 살아가기 위한 수단으로 살아가는 데 적합하게 진화한다.

되어도 변하지 않는다.

만약 아프리카의 사바나에서 아카시아나무가 없어지고 풀만 남게 된다면 기린은 어떻게 될 것인가?

땅 위의 풀을 먹으려면 물을 마실 때와 같이 다리를 벌리고 긴 목을 아래로 굽혀야만 할 것이다. 하루 종일 그런 모습을 하고 있을 수는 없으며, 얼마 안 가서 사자 등의 먹이가 되어 버릴 것이다.

그러면 자연에 적응하여 목이 짧은 기린이 되느냐 하면서 그렇게는 될 수가 없다. 앞에서도 말했듯이 진화에는 법칙이 있어서 잘 발달한 부분은 퇴화적으로 진보할 수가 없기 때문이다.

잘 발달되지 않은 부분일수록 앞으로 발달하여 진화할 수도 있는 것이다.


## ● 생존 경쟁의 참 뜻

아프리카의 사바나가 풀만 있는 초원이 되면 기린은 죽어 없어질 것이다. 하나하나의 기린을 생각하면 사자 등에게 잡아먹히니까 기린이라는 종류는 언젠가는 육식 동물에 의하여 멸종될 것처럼 생각되지만, 이것은 앞에서도 말했듯이 잘못된 생각이다.

오히려 기린 전체가 멸망한다고 하면 그것은 앞에서 말했듯이, 지나치게 발달한 몸매가 주위의 자연 환경에 적응할 수 없게 되었을 경우일 것이다.

혹시 기린이 사는 곳에, 그 곳 자연 환경에 맞는 몸매를 지니고 기린과 같은 생활을 하는 짐승이 나타나서, 똑같은 먹이를

🔺 **먹이를 먹고 있는 치타**—약육 강식에 의해 먹히게 되지만 멸종하지는 않는다. 오히려 생태계의 균형을 이루게 된다.

먹게 되고, 기린이 그 경쟁에서 지게 되면 역시 멸종하게 될 것이다. 이 경우에는 생활 방법이 똑같으니까 같은 초식 동물끼리의 경쟁이 된다.

먹히는 동물과 그의 적과의 사이를 흔히 생존 경쟁이라든가 약육 강식이라고 말하는데, 나는 그것이 올바른 표현이 아니라고 생각한다.

육식 동물과 초식 동물과의 '먹고 먹히는' 관계는 전체적으로 보아 균형이 잡힌 것으로, 종류의 전멸과 같은 사태까지는 발전하지 않는다. 오히려 같은 먹이를 서로 빼앗는 비슷한 동물끼리의 경쟁이 더욱 치열하여, 생존 경쟁이라는 말이 딱 들어 맞는다.

# 인류의 등장

## ● 동물계의 역사

우리가 역사책을 들추어 보면, 수많은 전쟁에서 또는 전국 시대에 숱한 인물들이 흥하고 망한 것을 볼 수 있다. 이와 똑같은 일을 생물의 세계에서도 볼 수 있다.

생물의 오랜 역사를 돌이켜 보면, 자연에 적응하지 못하게 되든가 생존 경쟁에 패배한 종족은 전멸하고, 그에 대신하여 새로운 종족이 등장하는 일을 반복하면서 발전해 왔다. 그렇게 길고도 긴, 몇억 년의 역사가 흐른 다음에 비로소 인간이 태어난 것이다.

🔺 신생대 제4기인 현세에 지구를 지배하고 있는 인간은 도구를 사용하는 지혜와 두 발로 걷는 특징을 가지고 있다.

지구의 역사로는 지금으로부터 100만 년쯤 전부터 현재까지를 제4기라고 부른다. 제4기와 그 이전의 제3기(약 7천만 년 전부터 100만 년 전까지)를 합쳐서 신생대라고도 한다. 다시 그 이전은 중생대(2억 3천만 년 전부터 7천만 년 전까지)가 된다. 각각의 시대에는 제각기 특징 있는 동물이 살고 있었다.

중생대는 공룡의 시대이고, 신생대는 포유류의 시대다. 제4기에 들어와서는 포유류 중의 한 종류가 특별히 우세해졌다. 그것이 즉 우리들 인류이다.

● **포유류의 시대**—공룡의 번성하던 중생대 이후 신생대에 들어 비로소 포유류가 등장했다.

🔺 유인원의 선조

## ● 사람이라는 생물

인류를 생물로서 보면, 사자나 고릴라 같은 종류와 마찬가지로 사람이라는 한 종류에 지나지 않는다.

사람은 원숭이와 한 무리에 속한다. 영장류 무리이며, 그 중에서도 고릴라나 침팬지와 흡사하여, 꼬리가 없고 손가락이 다섯 개 있으며 넓적한 손톱이 있다. 엄지손가락이 다른 손가락과 마주 서 있어 물건을 움켜잡을 수가 있다. 또 얼굴에는 털이 없고 머리에는 털이 많다.

영장류는 사람을 제외하고 약 200종이 있는데, 원원류와 진원류로 나뉜다.

진원류 중에서도 특히 지능이 발달한 침팬지·오랑우탄·고릴라와 몇 종류의 긴팔원숭이는 사람과 닮은 원숭이라는 뜻에서 유인원이라는 이름이 붙었다.

## ● 인류의 조상을 살펴본다

　이제와서는 사람이 이들 유인원을 우리 속에 가두기도 하지만, 옛날에는 한 무리였던 것이다. 똑같은 조상에서 차츰 달라지기 시작하여 한편은 사람이 되고, 또 한편은 갖가지 유인원의 길을 걸어온 것으로 생각된다.

　어떻게 그런 것을 알 수 있을까?

　사람과 고릴라와 침팬지 등이 닮은 것은 외모뿐이 아니다. 신체의 구조도 똑같다. 인간과 마찬가지로 맹장에는 충수가 있고 골격도 아주 비슷하다. 오히려 확실한 차이점을 발견하는 것이 더 어려울 정도다. 발견된 화석에서도 옛날 인간일수록 유인원과 가깝다.

　유인원과 똑같은 조상으로부터 인류가 태어나기까지의 진화 기간은 약 3천만 년이 걸린 것 같다. 지금까지 발견된 가

🔺 원숭이 중에는 나무에서 내려와 땅 위에서 살기 시작한 것도 있다.

원숭이는 인간과 가장 닮은 모습을 하고 있다.

장 오래 된 인류의 조상인 화석은 약 200만 년 전의 것이다. 이들 인류의 조상은 오스트랄로피테쿠스라고 불리운다. 좀더 옛날의 화석이 발견되면 인류의 조상은 그만큼 옛날로 거슬러 올라가게 될 것이다.

긴꼬리원숭이 무리는 거의가 삼림 지대의 나무 위에서 살고 있다. 그런데 그 중에서도 주로 땅 위에, 그것노 초원에서 생활하게 된 종류가 있다. 파타스원숭이나 비비가 그것이다.

오스트랄로피테쿠스의 조상도 이 비비와 마찬가지로 아주 옛날에 삼림에서 나와 초원에서 살게 된 유인원이었음에 틀림없다.

그것에 가까운 오스트랄로피테쿠스와 파란트로푸스의 조상은 초원에 서서 주위를 잘 돌아보고, 동물의 시체와 곤충, 연한 식물, 그리고 식물의 열매와 씨앗을 찾아 먹고, 때로는 몸을 지키기 위해 돌을 던지기도 하며 생활한 것으로 생각된다.

그 중에서 주로 식물을 먹는 파란트로푸스가 태어나고, 또 주로 동물이나 벌레를 먹고 도구를 사용하는 오스트랄로피테쿠스가 태어난 것이다.

## ● 도구의 시초

오스트랄로피테쿠스 중에서, 선 채로 돌을 던지는 것을 특히 잘 하는 자가 나타났다. 또 죽은 동물의 뼈를 사용하여 작은 동물을 찔러 죽이는 자가 나타났다. 그리고 그러한 돌이나 뼈의 조각을 잘 사용하는 오스트랄로피테쿠스 쪽이 더욱 번성했던 것이다.

🔺 오스트랄로피테쿠스의 생활 모습—무리지어 여러 가지 자연물을 이용해 도구를 만들어 사용하기도 했다.

그 중에는 돌과 돌을 부딪쳐 쪼개서 뾰족한 돌조각을 만들거나, 뼈를 갈아서 뾰족한 뼈를 만드는 자도 나타났을 것이다. 아마도 이렇게 하여 처음으로 도구가 만들어진 것으로 생각된다.

어떤 학자는 돌보다도 뼈를 먼저 쓰기 시작했을 것이라고 말하지만, 어찌 되었든 처음의 석기나 골기는 끝이 약간 뾰족하고 손에 쥘 수 있는 것이었을 것이다.

그러다가 처음에는 신호를 하기 위해 시작한 말을 요령 있게 사용하게 되었다. 이렇게 하여 사람이 되는 과정을 밟기 시작한 것이다.

## ● 다른 동물과의 차이

사람이 도구와 말이라는 문명을 갖게 되자 다른 동물과는 형편이 매우 달라졌다. 하지만 동물로서는 여전히 다른 짐승과 똑같은 성질을 지니고 있다.

우선 다른 동물과 마찬가지로 먹지 않고는 살아갈 수가 없으며, 호흡도 하지 않으면 안 된다. 또, 털도 나 있고, 젖으로 아기를 키운다. 이것들은 짐승의 특징인데 사람 또한 포유류인 것이다.

그럼 이번에는 다른 점을 살펴보자.

사람과 다른 동물을 비교하면 우선 옷을 입고 있다든가 학교에 다닌다든가 하는 차이가 눈에 띈다. 확실히 이것도 그 차이의 하나이기는 하나 그보다 더욱 중요한 차이는 기계나 도구를 만들어서 사용하는 일이다. 이것이 즉 문명을 지니고 있다는 것이다.

그 밖에 뜻을 전할 수 있는 말을 사용하여 서로 이야기할

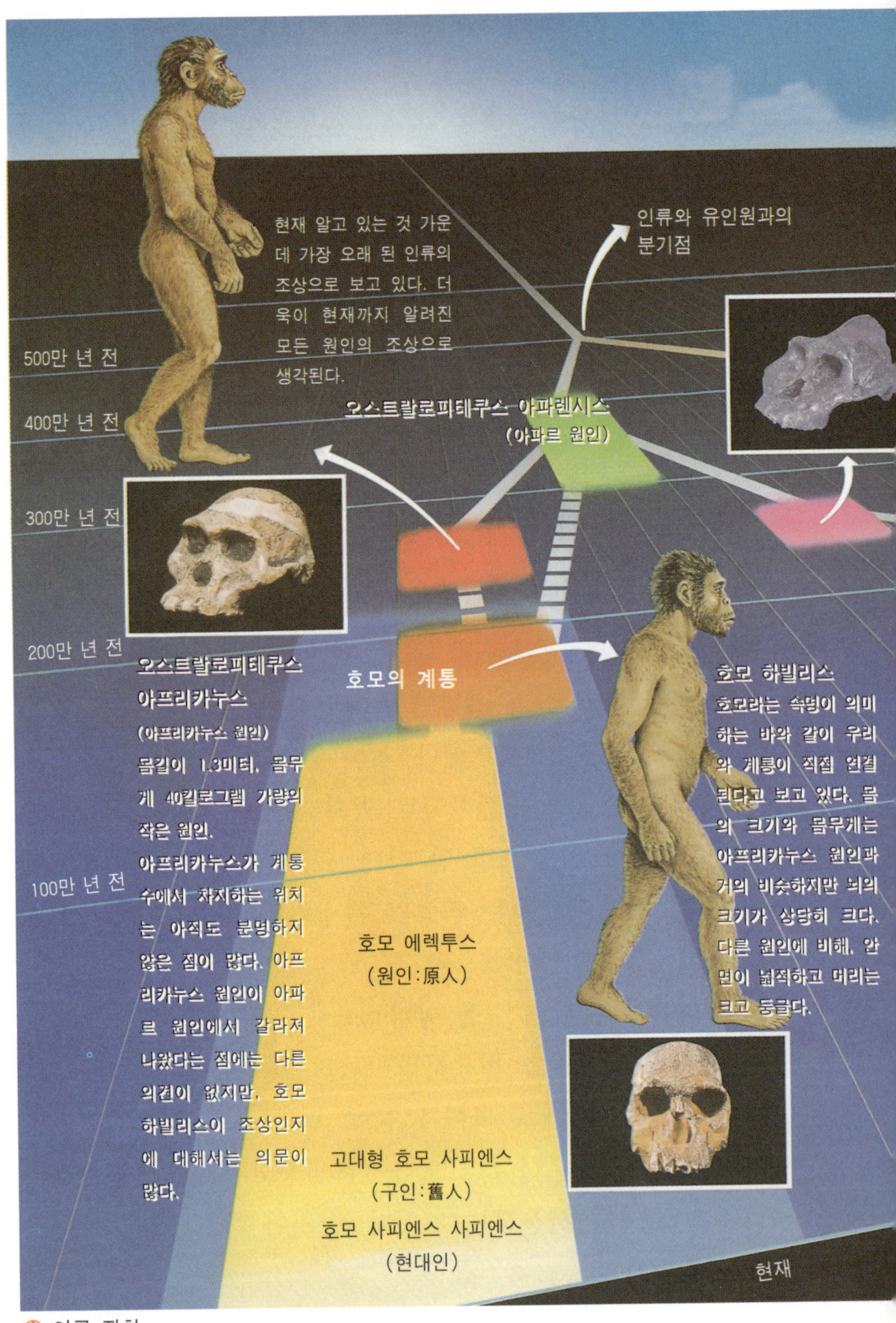
현재 알고 있는 것 가운데 가장 오래 된 인류의 조상으로 보고 있다. 더욱이 현재까지 알려진 모든 원인의 조상으로 생각된다.
인류와 유인원과의 분기점
오스트랄로피테쿠스 아파렌시스
(아파르 원인)
500만 년 전
400만 년 전
300만 년 전
200만 년 전
100만 년 전
오스트랄로피테쿠스 아프리카누스
(아프리카누스 원인)
몸길이 1.3미터, 몸무게 40킬로그램 가량의 작은 원인. 아프리카누스가 계통수에서 차지하는 위치는 아직도 분명하지 않은 점이 많다. 아프리카누스 원인이 아파르 원인에서 갈라져 나왔다는 점에는 다른 의견이 없지만, 호모 하빌리스이 조상인지에 대해서는 의문이 많다.
호모의 계통
호모 하빌리스
호모라는 속명이 의미하는 바와 같이 우리와 계통이 직접 연결된다고 보고 있다. 몸의 크기와 몸무게는 아프리카누스 원인과 거의 비슷하지만 뇌의 크기가 상당히 크다. 다른 원인에 비해, 앞면이 넓적하고 머리는 크고 둥글다.
호모 에렉투스
(원인:原人)
고대형 호모 사피엔스
(구인:舊人)
호모 사피엔스 사피엔스
(현대인)
현재

인류 진화

## 오스트랄로피테쿠스 에티오피쿠스

(블랙 스컬)

1985년에 발견된 새로운 유형의 원인. 로부스투스 원인이나 보이세이 원인처럼 튼튼한 머리뼈를 가지고, 그 활동 연대는 오래된다.

### 유인원의 계통

### 원인의 계통수

최신의 연구 결과를 바탕으로, 현재 가장 널리 인정받고 있는 계통 관계를 그림으로 그렸다. 모든 원인의 공통 조상에 아파르 원인이 있고, 여시서부터 튼튼한 몸매의 원인 계통과 날렵한 원인 계통이 둘로 갈라진다. 날렵한 쪽은 인류의 계통으로 이어지고, 튼튼한 몸매를 가진 쪽은 몇 종류의 원인을 낳고는 멸종되어 버렸다.

멸종?

## 오스트랄로피테쿠스 로부스투스

(로부스투스 원인)

몸길이 1.5미터, 몸무게 70킬로그램 가량의 크고 튼튼한 원인. 매우 커다란 어금니를 가진다. 머리뼈의 중심선을 따라 있는 융기는, 큰 아래턱이 움직일 수 있도록 근육이 붙어 있던 부분이다.

멸종?

## 오스트랄로피테쿠스 보이세이

(보이세이 원인)

로부스투스 원인보다 더욱 튼튼한 원인. 남아프리카를 중심으로 발견된 로부스투스 원인에 대하여, 동아프리카에서 발견된 더욱 튼튼한 몸매의 원인으로 구별하고 있다. 로스부스투스 원인과 동일한 종으로 보는 경우도 있다.

수 있는 것도 사람뿐이다. 동물끼리는 몸짓이나 냄새·목소리 등으로 신호를 할 뿐이다. 또 사람 이외의 동물은 눈앞에 없는 것을 이름만 듣고도 생각해 내는 따위의 일은 하지 못한다. 하물며 글씨 같은 것은 있을 수도 없다.

## ● 가장 강한 동물

먼저도 이야기한 바와 같이, 자연계에서 사는 동물은 다른 생물을 먹고 사는 동시에 반드시 자기도 다른 동물에게 먹히게 되어 있다. 그것이 통상적이다.

그런데 인간만은 맹수에게도 먹히지 않는 무엇보다도 강한 동물로 되어 있다. 즉 '먹고 먹히는 관계'에서 빠져 나온 것이다.

인간은 동물이나 식물을 먹기는 하는데 먹히지는 않는다. 게다가 식물을 재배하거나 가축을 길러서 그것을 이용할 수가 있다. 이것은 인간만이 할 수 있는 일이며, 다른 어떤 동물도 자연대로의 동물이나 식물을 먹고 살 뿐, 그것이 적어지면 굶어 죽게 된다.

동물 중에는 굴을 파고 사는 다람쥐와 같이 나무나 풀뿌리, 씨앗이나 열매를 저장하는 일도 있지만, 그것은 자기가 생각해서 하는 일이 아니고 무의식 중에 그렇게 하는 것에 불과하다.

사람은 여러 지방의 자연 속에서 사는 법을 연구하여 온세계에 퍼져서 살고 있다.

추운 땅에 사는 사람은 바다표범이나 북극곰을 잡아 그 모피나 기름을 이용해 추위로부터 몸을 지키며 살고 있다. 또, 건조한 사막에 사는 사람들은 머리 위에서부터 천을 덮어 써서

● **네안데르탈인과 크로마뇽인**—이들은 환경에 적응해 가면서 보다 뛰어난 인간으로 진화해 갔다. 크로마뇽인은 현대 인류의 조상으로 여러 가지 기술을 가졌고 현대인에 가까웠다.

강한 태양 광선을 피하고, 양이나 낙타 등을 키우며 살고 있다.

이와 같이 인간은 온 세계에 퍼져서 살고 있는데, 그렇게 되면 사람은 원숭이의 한 종류가 아니고 포유류나 파충류와도 필적할 정도가 된다. 그래서 '인류'라고 불리운다.

먼저 지구의 역사는 제3기를 포유류 시대, 중생대를 파충류 시대라고 말했는데, 제4기는 바야흐로 인류의 시대인 것이다.

# 동물의 세계와 인간

## ● 가축의 시초

인류가 태어나서 얼마간은 자연의 동물이나 식물을 먹고 살았다. 그러다가 지혜가 발달되어 편리한 도구를 만들기 시작하면서 큰 동물을 많이 잡아먹게 되었다.

매머드나 큰나무늘보 등은 인류가 먹어 치웠기 때문에 전멸했다고 생각할 수도 있다. 인류가 여러 가지 도구를 만들어 내어 그것으로 많은 먹이를 잡게 되자 인구가 늘어났다.

그런데 어느 새 먹이가 적어졌다. 너무 사냥을 많이 했기

🔺 매머드를 사냥하는 원인─큰 동물이라도 도구를 사용하여 여러 사람이 잡았다.

🔺 딩고―오스트레일리아에서 야생하는 딩고나 남아시아에 반야생 상태로 서식하는 개들은 절멸된 것이라고 생각되는 야생종이라고 추측된다.

때문이다. 어떤 원시 인류는 같은 인류를 잡아먹기도 하였으나 그것으로는 해결이 안 되었다.

아프리카와 같이 특별히 짐승이 많은 곳이나 식물이 잘 자라는 열대 지방 같은 곳에서는 먹을 수 있는 새로운 식물이나 작은 동물, 벌레 등을 발견할 수 있었지만, 온대 지방에서는 그런 일도 할 수가 없었다.

인류가 사느냐 죽느냐의 위기였다. 그러다가 생각해 낸 것이 농사를 짓는 일과 가축을 기르는 일이다.

인간은 개를 가축으로 삼았다. 개의 조상은 보통 이리와는 약간 다른, 지중해에서 서아시아에 사는 작은 개의 무리인 것 같다. 지금의 이리와는 다른 종류의 이리라고 생각해도 좋을 것이다.

이 개의 조상은 인간이 먹다 남긴 것을 먹거나, 사냥이 끝난 뒤 인간들이 먹다 남긴 것을 주는 것도 알게 되었다.

개는 이와 같이 인간의 곁에서 사는 동안에 차츰 키워지게 된 것으로 생각되며, 소·양·염소·돼지·말과 같은 다른 짐승들도 차례로 가축이 된 것이다.

소의 조상은 오록스, 말의 조상은 타르판이라고 하며, 모두 유럽의 초원에 살고 있었다.

양은 남부 유럽에서 중앙 아시아에 걸쳐 지금도 살고 있는 무플런과 같은 야생의 양을 키운 것이며, 염소는 지금도 서부 아시아에 살고 있는 들염소가 조상이고, 돼지는 멧돼지를 길들인 것이다.

## ● 황폐해지는 자연계

인간이 농사를 짓고 가축을 기르게 되자 들과 산은 차츰 논밭으로 개간되어 갔다.

가축을 기르고 농사를 짓는 기술은 발달하고 어업도 행하게 되었다. 인간의 인구는 더욱 불어나기만 했다.

마침내 기계가 만들어지고 공장이 세워져 여러 가지 물건을 생산하게 되었다. 인류는 농업과 공업의 덕택으로 짐승을 잡거나 나무 열매를 따지 않아도 괜찮게 된 것이다.

그런데 인구가 더욱 늘어남에 따라 들과 산은 더욱 넓게 파헤쳐지고 인류는 지구상의 자연을 마음대로 개조하기 시작했다.

인간이 사는 거리는 산야의 동물이 사는 곳이 아니다. 시궁쥐나 바퀴벌레처럼 인간이 남긴 찌꺼기를 먹고 집의 틈새에서 살 수 있는 것만이 살 수 있는 것이다.

안식처를 잃어버린 동물들이 가끔 농작물을 망치거나 가축을

지혜를 가진 인류는 동물을 키우고 씨를 뿌려 농작물을 키우는 일도 익혔다.

잡아 가면, 인간에게 곧 퇴치된다. 인간은 무척이나 강하다. 그 때문에 인간이 문명을 만들고 나서 많은 새와 짐승이 전멸되었다. 지금도 전멸의 위기에 있는 동물이 많이 있다.

## ● 인간에게 멸망된 동물들

지금부터 100년 전에 북아메리카의 바바리 지빙과 남아프리카의 케이프 지방에는 크고 훌륭한 사자가 살고 있었는데 지금은 멸종되었다. 남아프리카의 케이프라이온은 1865년, 북아프리카의 바바리라이온은 1972년에 각각 사살된 것이 최후인 것이다.

이와 같이 인간의 진출에 따라 멸종되거나 멸종의 위기에 있는 동물은 이 밖에도 많이 있는데, 한편 좀처럼 멸종되지

🔴 불곰은 단독으로 생활하며 농작물을 먹고 굴 속에 숨어 살아 멸종을 면했다.

않는 종류도 있다. 불곰이 그렇다. 이리와 함께 옛날부터 있는 동물인데 멸종되지 않는다. 어째서 그럴까?

이리나 사자는 무리를 만들고 있어 한 번에 많은 죽음을 당한다. 또 쥐처럼 많은 새끼를 낳지도 못하고 요령 있게 숨지도 못하기 때문에 전멸된 것이다.

한편 불곰은 넓은 땅에 한 마리씩 살고 있고, 겨울에는 굴 속으로 숨고, 인간이 만든 농작물도 먹는다.

이와 같이 불곰의 생활 방법은 이리와는 전혀 다른 데가 있다. 이 생활 방법의 차이로 전멸을 면하는 모양이다.

## ● 생물계의 균형

아메리카에서는 코요테는 닭을 훔쳐먹는 나쁜 짐승이라 하여 사정없이 죽여 버렸다. 그런데 코요테는 밭 곡식을 망치는 쥐 따위를 잡아먹으므로 살려 두는 것이 이익이라는 것을 알게 되어 지금은 코요테를 죽이지 않게 되었다.

짐승을 모조리 죽였기 때문에 자연의 균형이 헝크러져 곤란했던 적이 있었다.

북아메리카의 중앙부는 대초원으로 되어 있어, 여기는 자연의 목장이었다. 많은 아메리카 들소가 있었는데 모두 사냥꾼에게 죽고, 그 곳에 집소도 드나들게 되었다.

또 이 초원에는 프레리독이라고 불리우는, 목소리가 개와 비슷한 마못(다람쥐와는 달리 땅 속에 사는 동물)의 일종이 무리를 이루어 살고 있었다. 그러나 마구 죽음을 당하여 거의

▲ **마못**—초원 지대에 굴을 파고 무리지어 살며 한 마리가 위험을 느끼면 날카로운 소리를 내어 무리에게 알린다.

멸종되다시피 되었다.

그런데 잘 살펴보니까 프레리독이 흙을 파헤치기 때문에 풀이 자란 것을 알게 되었다. 프레리독이 줄어들자 그것을 먹이로 삼던 검은다리족제비도 줄어들어, 그 때문에 검은다리족제비가 잡아먹던 곤충이 번식하여 농작물을 망가뜨리고 풀을 말라죽게 하였다.

더구나 들소가 있을 때는 코요테나 이리에 쫓겨 풀을 다 먹어 버리는 일이 없었는데, 집소는 풀을 모조리 먹어 치운다. 이렇게 하여 마침내 풀로 덮여 있던 푸른 목장은 파괴되고 사막이 되어 버렸다.

이러한 예는 얼마든지 있다. 우리들은 새·물고기·개·고양이 등을 기르며 귀여워하는데, 그러한 애완 동물에만 한하지 말고 자연 속에서 사는 모든 동물을 사랑하는 것이 중요하다. 그것은 결국 인간 자신을 위한 일이기도 하다.

### ● 자연의 이용은 신중히

지구는 우리들 인류가 사는 곳이다. 지금까지 여러 가지를 살펴본 결과, 우리들은 동물이 여러 가지로 사는 장소를 골라서 생활하고 있는 것을 알게 되었다.

동물은 제각기 일정한 생물을 이용하여 그것을 먹거나 쉬는 장소로 삼아가며 생활하고 있다. 그것에 비하면 우리들 인류는 지구 전체를 사는 장소로 하고, 지구상의 모든 생물을 이용하며 살고 있다.

바다의 생물도, 육지의 생물도, 그리고 생물뿐만이 아니라, 지구상의 모든 것을 이용하고 있다.

🔺 자연물의 이용은 신중하게 사용하여 생태계를 파괴하지 말아야 한다.

  쉬는 장소인 집도, 도구도, 음식물도 모두가 지구상에 있는 여러 가지의 자연물을 이용하여 만들어 낸 것이다.

  우리들 인류는 여러 가지 맹수나 야수를 지배하고, 이어서 많은 미생물을 차례로 관리하고자 한다.

  그러나 우리들은 지구상의 자연물을 함부로 사용하지 말아야 한다. 그것을 슬기롭게 사용하지 않으면 우리가 사용하는 장소를 파괴할 뿐이다. 지구상에 있는 많은 생물들이 '먹고 먹히는 관계' 이외에도 여러 가지 법칙으로 서로가 깊은 연관성을 지니고 있다는 것은 이 책을 읽어 봐도 알 수 있을 것이다.

  우리들 인류가, 자신들의 사는 장소를 될 수 있는 대로 살기 좋게 하기 위해서는 이러한 자연계의 생물계를 파괴하지 말고 이용해야만 한다. 그것을 위해서는 여러 가지로 조사하고 연구도 해야 할 것이다.

## ● 국제 생물학 사업 계획

우리들 인류도 역시 동물의 일종이다. 생물을 먹고 생활하며, 생물을 여러 가지로 이용도 한다.

그래서 이러한 자연계의 중요한 생물이 얼마나 있는지, 즉 지구상에 존재하는 생물의 총재산을 조사해 보기로 하였다. 그리하여 1965년 국제 생물학 사업 계획이 수립되어 이 조사가 시작되었다.

일본의 한 예를 들면 사방 1미터 평균으로 땅 속에 진드기, 지렁이 등 2밀리미터에서 20밀리미터까지의 벌레가 202만 8천 마리나 있었고, 그 이하의 미생물은 박테리아가 1조 마리, 아메바 등의 원생 동물은 7천만이나 있었다. 한편, 20밀리미터 이상의 무척추 동물인 지렁이나 지네 등은 360마리가 있었다.

🔺 마구잡이 벌채로 인한 환경 파괴는 생태계의 균형을 망가뜨린다.

그런데 땅 구멍을 파며 돌아다니는 작은 동물의 작용으로 흙은 뒤섞이며 공기가 들어가고 수분의 유통도 잘 된다고 한다. '먹고 먹히는' 관계는 이런 속에서도 볼 수가 있다. 그리고 최후에는 미생물이 분해를 하는 것이다.

이러한 땅 속의 작은 생물들이 생명을 지탱할 수 있는 것은 동물의 시체나, 끊임없이 떨어지는 낙엽이나 열매 덕분이다. 1평방미터에 1년간 약 420그램 가량의 낙엽과 80그램 정도의 썩은 뿌리가 흙 속에 남게 되며, 그것이 주로 이러한 작은 동물의 먹이가 되는 것이다.

지렁이나 선충류 등이 부지런히 썩은 잎을 먹고 대변을 본다. 그것들이 흙 속에서 박테리아나 원생 동물로 분해되고, 그것은 돌고 돌아서 결국 식물을 크게 한다.

이러한 작은 동물은 식물을 위해서 흙을 기름지게 하고, 자기 자신도 큰 동물의 먹이가 된다. 보다 큰 동물은 또다시 더 큰 동물의 식용이 된다.

이렇게 조사한 결과 어느 지역에서는 가장 마지막으로 다른 동물을 이용하는 것은 검은 독수리였다. 그렇지만 독수리나 다른 동물들도 모두 마지막에는 인간이 이용한다. 토끼도 족제비도 인간이 잡는다. 식물도 필요하면 이용한다.

## ● 자연의 균형을 파괴하지 말라

지금까지 이야기했듯이 이 자연계는 땅 속의 작은 생물이나 식물에 의하여 지탱되고 있으며, 또한 전체 자연의 균형에 의하여 지탱되고 있다고 말할 수도 있다.

근래에는 농약 때문에 땅 속의 작은 동물도 죽어가고 있다.

🔴 생물의 생활 중심으로 원소들이 이동한다. 햇빛과 공기, 동·식물, 미생물 등은
생명을 지탱하는 순환 작용을 하게 된다.

오랫동안 흙 속에 독성이 남는 강한 농약 때문이다. 땅 속의 작은 생물들이 움직이지 않게 되어 균형이 파괴된 것이다. 지면은 굳어지고 수분의 유통도 나빠졌다.

또 논에는 비료로 준 볏짚이 잘 썩지를 않는다고 한다. 볏짚도 죽은 식물인데, 그것이 썩어서 분해되지 않는다는 것은 작은 분해 생물이 적어졌기 때문이다.

이와 같은 땅 속이나 햇빛, 물의 문제까지를 포함시켜 어느 지역의 자연계를 생태계라고 한다. 이것은 전체적으로 볼 때 활동적인 계통이다. 가지가지의 생물들이 살아가는 데 있어 서로 깊은 관계를 갖고 있으며, 그 결과가 흙이나 물에도 영향을 끼치게 된다.

이 생태계의 모습이나 작용, 변화 등을 조사하는 것이 생리학이다.

지금까지는 인간은 별도로 하고 생각해 왔으나 최근에는 인간도 그 속에 포함시켜 생각하려는 연구도 많아졌다. 지구상의 생물의 생산력을 조사하려는 국제 생물학 사업 계획도 주로 생태학에 의하여 행해진다.

이 조사는 전세계가 일제히 진행시키고 있으며, 우리 나라의 생태학자도 이에 참가하고 있다.


## ● 내일의 생물계를 위하여

우리들은 인간도 진화하는 것을 알고 있다. 어떻게 진화하는 것인지는 잘 모르지만, 그것을 위해서는 인간에 가까운 동물의 생태를 오랜 세월 동안 관찰하지 않으면 안 된다.

우리들은 사람이라는 동물이다. 자신들은 느끼지 못하지만 동물과 똑같은 신체 구조를 갖고 있고, 동작을 하고 있다. 그러므로 동물을 아는 것은 곧 우리들 자신을 알게 되는 것이다.

또 만약 우리들 인간과 밀접한 동물들이 차례로 전멸하는 환경으로 지구가 바뀌었을 때, 우리들 인간만이 살아 남을 수 있을까? 그렇게 되리라고는 생각할 수 없지만 가령, 인간만이 살아 남는다면 생각만 해도 소름이 끼칠 불건전한 세계일 것이다.

동물들이 전멸하지 않도록 생물계의 균형을 잘 유지하도록 하려면 우리들 자신이 건강하게 살고, 자손을 이어가기 위해서도 대단히 중요한 일이다. 여러 가지 연구에서 동물들과 우리 인간은 공존해야 하는 이유가 확실해지고 있다.

지혜가 있는 우리들 인간은 야생의 동물들을 사랑하고 자연을 보호하여, 생물계의 균형을 유지하도록 해야 한다.

우리들 인간은 그 방법을, 생물이 사는 세계의 구조와 그 움직임을 앎으로써 찾아 내야만 한다. 인간의 행복을 위하여, 지구상의 생물을 슬기롭게 이용하기 위해서도 자연의 보호가 필요하다. 그것을 위해서는 더욱더 생물에 대하여 알지 않으면 안 된다.

# 변하는 동물의 세계

1쇄 인쇄  2007년  6월 10일
1쇄 발행  2007년  6월 20일

엮은이
**학생과학문고편찬회**

펴낸이
**조 병 철**

펴낸곳
**한국독서지도회**

경기도 고양시 일산동구 장항동 580
TEL   (031)908-8520
FAX   (031)908-8595
**출판등록** 1997년 4월 11일 (제406-2003-016호)

✱ 잘못된 책은 바꿔 드립니다.
✱ 책값은 뒷표지에 있습니다.
ISBN 89-7788-212-5